里程碑
文库
THE
LANDMARK
LIBRARY

人类文明的高光时刻
跨越时空的探索之旅

VOYAGERS
航海者

太平洋上的
人类迁徙壮举
与岛屿文明

THE SETTLEMENT OF THE PACIFIC

[澳] 尼古拉斯 · 托马斯（Nicholas Thomas）‣ 著　谢琨 ‣ 译

北京燕山出版社
BEIJING YANSHAN PRESS

航海者：太平洋上的人类迁徙壮举与岛屿文明

[澳] 尼古拉斯·托马斯 著
谢琨 译

图书在版编目（CIP）数据

航海者：太平洋上的人类迁徙壮举与岛屿文明 /（澳）尼古拉斯 · 托马斯著；谢琨译. -- 北京：北京燕山出版社，2022.8
（里程碑文库）
书名原文：Voyagers：The Settlement of the Pacific
ISBN 978-7-5402-6613-4

Ⅰ. ①航… Ⅱ. ①尼… ②谢… Ⅲ. ①大洋洲－历史 Ⅳ. ① K6

中国版本图书馆 CIP 数据核字 (2022) 第 142219 号

Voyagers: The Settlement of the Pacific

by Nicholas Thomas

北京市版权局著作权合同登记号 图字：01-2022-3868 号
审图号：GS 京（2022）0551 号

选题策划 联合天际　　特约编辑 王　争
视觉统筹 艾　藤　　美术编辑 程　阁

责任编辑 张金彪
出　　版 北京燕山出版社有限公司
社　　址 北京市丰台区东铁匠营苇子坑 138 号嘉城商务中心 C 座
邮　　编 100079
电话传真 86-10-65240430（总编室）
发　　行 未读（天津）文化传媒有限公司
印　　刷 北京雅图新世纪印刷科技有限公司
开　　本 889 毫米 ×1194 毫米　1/32
字　　数 158 千字
印　　张 8 印张
版　　次 2022 年 8 月第 1 版
印　　次 2022 年 8 月第 1 次印刷
I S B N 978-7-5402-6613-4
定　　价 68.00 元

关注未读好书

未读 CLUB
会员服务平台

目录

北马里亚纳群岛（美）
关岛（美）
马绍尔群岛
密克罗尼西亚联邦
帕劳
加罗林群岛
基里巴斯
瑙鲁
美拉尼西亚
新爱尔兰岛
新几内亚岛
（伊里安岛）
新不列颠岛
所罗门群岛
图瓦卢
托克劳（新）
萨摩亚
瓦努阿图
斐济
纽埃
汤加
新喀里多尼亚（法）
澳大利亚
诺福克岛（澳）
新西兰
塔斯马尼亚岛
查塔姆群岛（新）

注：本书插图系原文插图

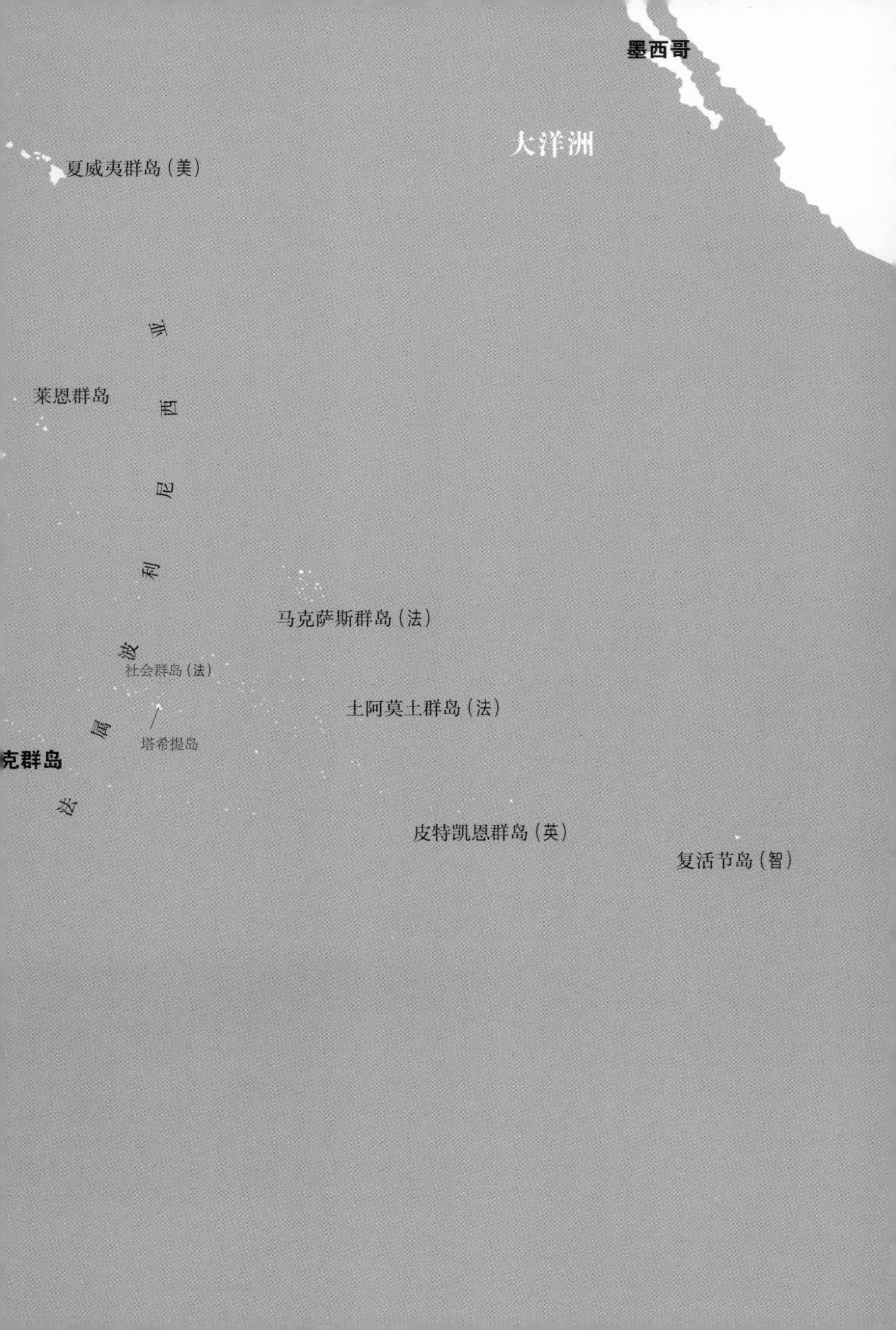

墨西哥

大洋洲

夏威夷群岛（美）

莱恩群岛

法属波利尼西亚

马克萨斯群岛（法）

社会群岛（法）

土阿莫土群岛（法）

塔希提岛

克群岛

皮特凯恩群岛（英）

复活节岛（智）

莱恩群岛

圣诞岛（基）

彭林环礁

马克萨斯群岛

努库希瓦岛

库克群岛

社会群岛（法）

帕默斯顿环礁

土阿莫土群

塔希提岛

艾图塔基岛

拉罗汤加岛

穆鲁罗瓦

鲁鲁土岛

土布艾岛（法）

墨西哥

夏威夷与东波利尼西亚

岛

皮特凯恩群岛（英）

复活节岛（智）

穆绍岛

马努斯岛

阿德默勒尔蒂群岛

新汉诺威岛

塔巴尔群岛

利希尔群岛

贾乌尔岛

新爱尔兰岛

俾斯麦群岛

所罗门群

新不列颠岛

新几内亚岛
（伊里安岛）

布干维尔岛

舒瓦瑟尔

肖特兰群岛

特罗布里恩群岛

韦拉拉韦拉岛

新乔

当特尔卡斯托群岛

路易西亚

澳大利亚

美拉尼西亚

翁通爪哇环礁

贝尔岛

马莱塔岛

霍尼亚拉

尔卡纳尔岛

马基拉岛（圣克里斯
托瓦尔岛）

内尔岛

达夫群岛

恩德岛

蒂科皮亚岛

托雷斯群岛

班克斯群岛

瓦努阿图

圣埃斯皮里图岛

奥巴岛

迈沃岛

彭特科斯特岛

马拉库拉岛

安布里姆岛

埃皮岛

通戈阿岛

维拉港

埃法特岛

埃罗芒阿岛

坦纳岛

阿内蒂乌姆岛

新喀里多尼亚（法）

洛亚蒂群岛

新喀里多尼亚岛

努美阿

库尼耶岛（派恩斯岛）

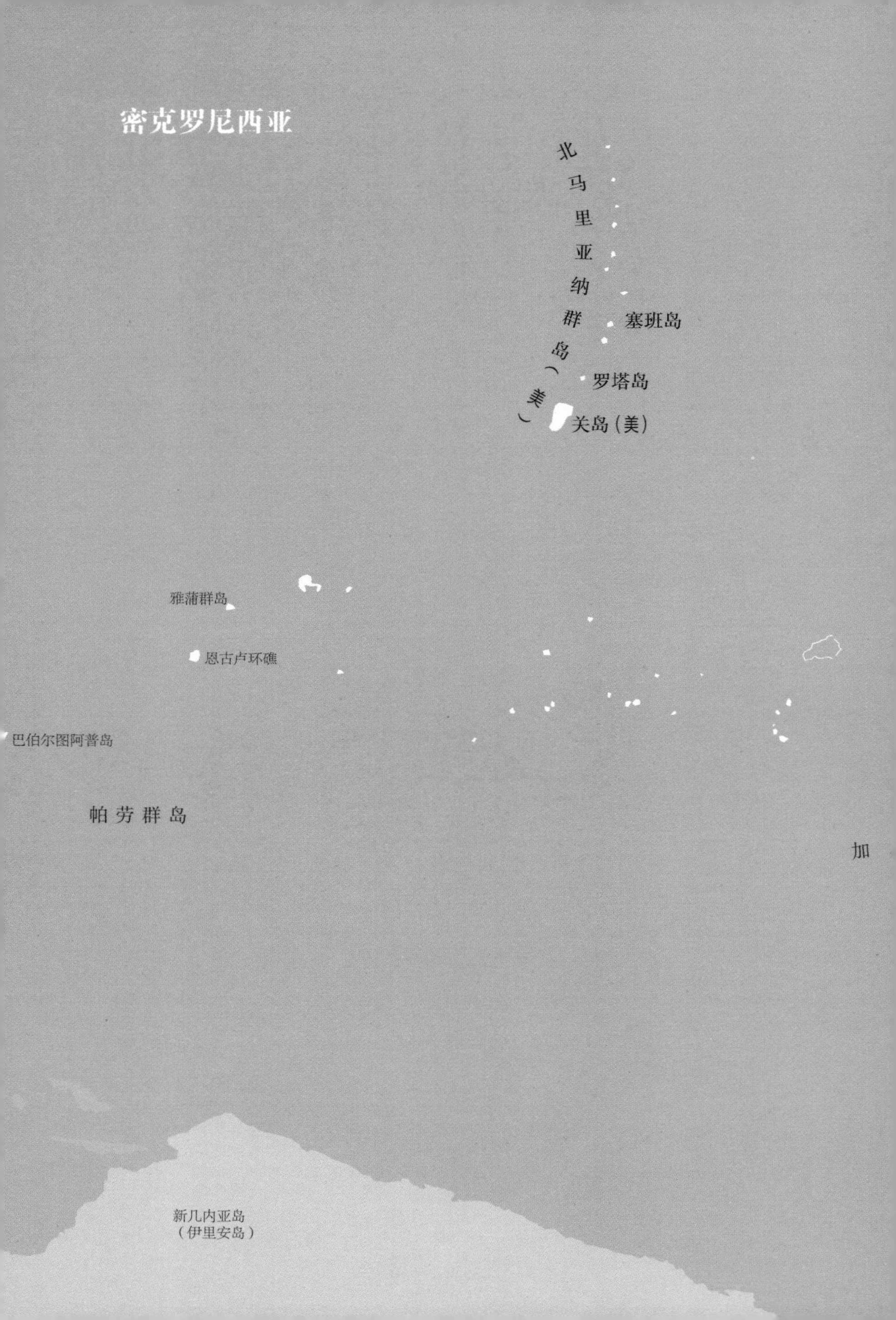

密克罗尼西亚

北马里亚纳群岛（美）

塞班岛

罗塔岛

关岛（美）

雅蒲群岛

恩古卢环礁

巴伯尔图阿普岛

帕劳群岛

加

新几内亚岛
（伊里安岛）

比基尼环礁

朗格拉普环礁

马绍尔群岛

夸贾林环礁

波纳佩岛

基里巴斯

塔拉瓦环礁

瑙鲁

巴纳巴岛（基）

塔比特韦亚环礁

斐济、萨摩亚与西波利尼西亚

富纳富提
图瓦卢
罗图马岛（斐）
富图纳群岛
纽阿福欧
岛（汤）

汤加塔布岛
努库
汤加

托克劳群岛

环礁

努环礁

法考福环礁

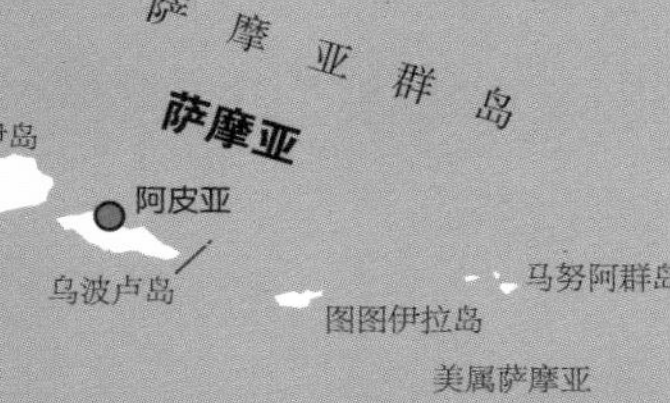

岛

塔普岛

阿洛菲

纽埃

卫古岛
比亚克岛
农福尔岛
极乐鸟半岛
印度尼西亚
亚彭岛
查亚普拉
迪古尔河
马老奇
澳大利亚

新几内亚岛

马努斯岛

新爱尔兰岛

巴布亚新几内亚

皮克河

拉穆河

马当

戈罗卡

新不列颠岛

莱城

特罗布里恩群岛

基瓦伊岛

当特尔卡斯托群岛

莫尔兹比港

约克角

u

Maatāah

Oo-ahe

Motuhea

Oura

Oanna

Te

etinua ouda

Tupia tata e pahei matte

Mau-rua

Tupi

Bola-bola

Oopa

Opoopooa

Otahah

Ulietea

Tuboona no Tupea pahei tayo

Eavatea

Huaheine

Otaheite

Imao

Tapooa-mannu

Meduah no te tuboona no Tu

Opooroo

Ohete

* * * * * *

序言

2016年5月的一天，我们在日出前就离开了杜梦湾。我们先是驱车进入内陆，然后沿海岸线一直开到阿加尼亚。关岛是发达地区，公路宽阔，车来车往，高楼大厦也不少。它给人的感觉与事实相符：这是美国的领土，有大型军事基地，还有太多的宾馆酒店。然而毫无疑问，关岛仍然是典型的太平洋岛屿。我们抵达苏珊娜广场（为太平洋艺术节而建的文化村就坐落在这里）的时候，天还没有亮，但空气柔和而又湿润，能闻到微弱的鸡蛋花的香气。我们经过路边的木槿，风慢慢刮起来。我的耳朵渐渐习惯一种轻轻的咔嗒声，那是高高的椰子树上半干枯的树叶相互摩擦发出的自然的声响。三十年前，我在塔希提岛第一次听到这种声音，从那以后每当听到这种声音，我总是不由得想起太平洋。

我们把车停好，向目的地走去。这时天刚刚破晓，海滩上人头攒动，好像聚集了成千上万的岛民，其中许多是本地人，但从其他人的文身、头巾、裙子、印有国旗或者国旗颜色的衬衫来看，他们应来自所罗门群岛、斐济群岛、萨摩亚群岛、塔希提岛……我们小心翼翼地从珊瑚礁岩上走过。海面很平静，只有一些小的波澜。日出后，起了微风。在离岸大约一公里的海面上，几个三角形浮现在晨曦中。它们摇曳着慢慢靠近，不出几分钟，这些带舷外支架的独木舟便映入我们的眼帘，开进了避风港，人群于是开始尖叫、欢呼和歌唱。船员们站在独木舟上，冲人群挥舞船桨，他们花费数日，从东南方向远达九百公里外的岛屿（拉莫特雷克环礁、普卢瓦特环礁以及胡克岛）漂洋过海而来，现在终于可以歇一口气了。

太平洋艺术节自20世纪70年代以来定期举办。1992年，第六届艺术节在库克群岛中的拉罗汤加岛上举行，主题是“航海遗产”。传统的远洋独木舟第一次进行了岛与岛之间的航行，它们的抵达标志着艺术节正式开幕。1996年，我曾目睹库克群岛的独木舟抵达萨摩亚。到2016年，这种岛际航行已然成为传统，不过这一年的活动仍然具有重要意义。来自拉莫特雷克环礁（位于密克罗尼西亚的加罗林群岛中部）的航海者拉里·雷格特表示：

这些岛上有人定居绝非偶然。它们都是过去伟大的航海者的故乡，关岛乃至整个太平洋都不例外。我们都是航海者。[1]

他的这番评论与埃佩利·霍法的观点不谋而合，后者是近几十年来最有远见卓识且激进的太平洋知识分子之一，他是汤加籍人类学家、学者兼作家，南太平洋大学文化研究所大洋洲中心的创始人。20世纪90年代初，埃佩利·霍法提出了重塑他所居住的这一地区历史形象的主张：

大洋洲由一大群海洋中的岛屿及其居民组成。我们祖先生活的世界是一大片海域，其中有许多地方可供他们探索、定居、繁衍后代，培养出一代又一代像他们一样的航海者。在这种环境下长大的人们无不以海为家。刚学会走路，就在海中玩耍，长大后则

下页图

来自太平洋各地的人们欢迎远渡重洋抵达阿加尼亚的独木舟，关岛，2016年5月。

12TH FESTIVA
PACIFIC ARTS GUAM 2016

SAKMAN CHAMORRO
SAKMAN

在海里谋生，在海上战斗。他们在自己熟悉的水域练就了高超的航海技能，培养了跨越宽阔海上鸿沟的勇气。[2]

他这番话大约是在三十年前说的，不过今天看来依然新颖、现代、振聋发聩。这确实是一种后殖民时代的视角，是乐观的看法，即将太平洋看作由居于其中的岛民自己塑造的地方。然而，这恰恰也正是第一批在这些“岛之海”之中生活过的欧洲人会认同的观点。后来被悬赏通缉的哗变者詹姆斯·莫里森，是最早对太平洋社会进行研究的观察者之一。他和原住民一起生活过，而不仅仅是在远洋探险过程中与他们进行交流。在被捕并被带回英国之前，他曾在塔希提岛住了将近两年时间。莫里森在回国航行途中以及之后在英国的监禁生活无疑是凄惨的，可能被判死刑的前景也很恐怖，然而对后来者而言，他之被捕却是一件幸事，因为他撰写了一份关于波利尼西亚人生活的早期报告，这份报告还颇有洞见；他对航行和哗变经过的记述也很详尽，这让他最终获得赦免。关于岛民传统的航海方式，他写道：

欧洲航海者或许会觉得奇怪：没有任何文字符号，没有任何仪器，仅凭主观判断以及他们掌握的天体运动知识，这些人是怎么在如此远距离的航海中不迷失方向的。他们精通天文知识，对在其地平线上起落的星辰能给出详尽的描述，欧洲天文学家都不愿意相信这一点，然而这却是不争的事实，而且他们能以惊人的洞察力，根据天象精准预言天气的变化，并做好相应的准备。他们出海时根据日月星辰确定航向，并能在一定程度上准确地沿预设的航线航行。[3]

最早闯入太平洋的外地来客，对距离大陆远达数千公里的岛屿上有人定居感到诧异和困惑。当地人可能也怀有同样的惊讶，因为在数千年的人类历史上，我们这个物种事实上绝大多数都是生活在大陆上的。詹姆斯·库克船长等人和与他们同行的那些自然学家问道：这些究竟是什么人？他们是从哪里来的，又是如何漂洋过海，来到了散布在如此广阔的大洋中的岛屿上？

从那时起，这些问题就一直被人提及，最早提出这些问题的是水手、海军士兵、传教士里那些好奇心更重的人，后来则是民俗学家、语言学家、人类学家和考古学家。令人惊讶的是，从很早的时候起，这些学者中就有不少人本身就是岛上的居民。近几十年来，学术界发生了翻天覆地的变化。航海者是在何时、以何种方式、为何漂洋过海而来，这些问题不仅在北美、欧洲、澳大利亚和新西兰的大学研讨会上被讨论，而且还被带入社区，通过对话进行研讨，在这些对话中，有原住民背景的学者和航海者（如拉里·雷格特这样的航海大师）的地位变得越来越重要。在遗传学、语言学、考古学、古代气候研究等领域一系列让人眼花缭乱的先进技术的推动下，对这些问题的研究取得了新的成果。其中已出版的作品包括几部权威的考古学综述，如马修·斯普里格

下页图

一艘塔希提双体独木舟，乔治·托宾1792年绘。

A double Canoe, with the Eotooa, (God) and pro

n the prow...Island of Otahytey-1792...Page 142.

斯的《美拉尼西亚岛》(*The Island Melanesians*，1997)和帕特里克·基希的《风之路》(*On the Road of the Winds*，2017)等。虽然有必要提及此类研究中由碳14测年法取得的数据与类似的数据，但本书并不打算在技术上进行深入的评述。相反，我希望概述人类历史上这些与世界任何其他地方的人类集体经验迥异的故事。《航海者》讲述的是一个几乎从未被承认的文明——大洋洲文明。本书试图解答长期以来人们一直在争论不休的问题：这些大洋洲的居民是谁？他们来自哪里？怎么来的？同时本书也关注在当下追问这些老生常谈的新意义：无论在过去还是现在，当一个“岛民”究竟意味着什么？

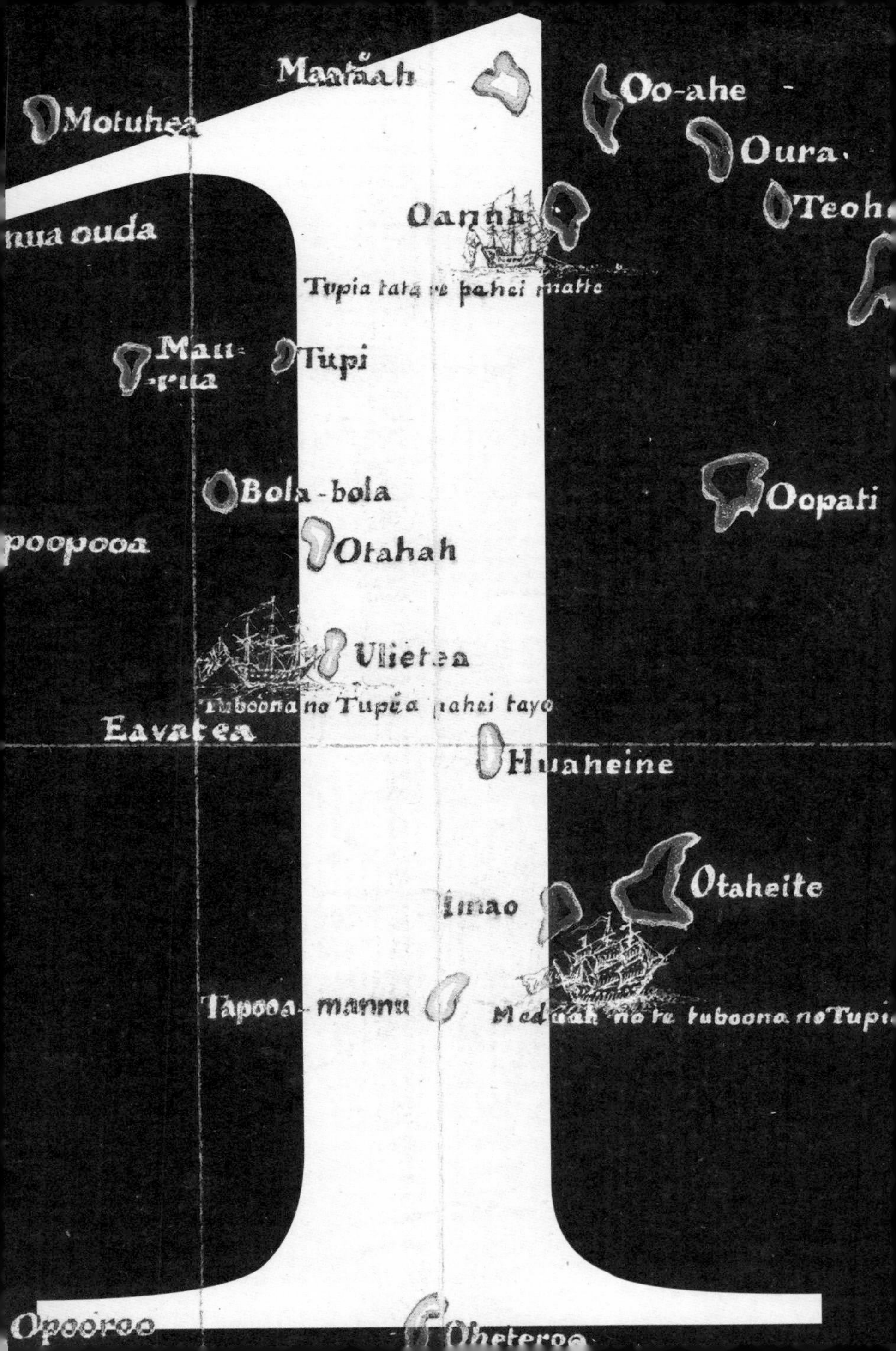

Maataah
Oo-ahe
Motuhea
Oura
Teoh
nua ouda
Oanna
Tupia tata re pahei matte
Mau-rua
Tupi
Bola-bola
Oopati
poopooa
Otahah
Ulietea
Tuboona no Tupea pahei tayo
Eavatea
Huaheine
Otaheite
Imao
Tapooa-mannu
Meduah no te tuboona no Tupi
Opooroo
Oheteroa

* * * * * *

“同一个民族”

关于太平洋移民的理论与神话

欧洲人知道太平洋的存在已经250多年了，但对它的了解仍然完全空白。1513年9月，西班牙征服者瓦斯科·努涅斯·德·巴尔博亚穿过巴拿马地峡，从高地上望见一片汪洋。他和同伴一路上穿越丛林，屠杀土著，千辛万苦，终于抵达海边，他于是做了一件后来被载入史册的事：他涉水走到没过膝盖的地方，宣称从今往后他所谓的“南海”及其海滨的一切土地，尽归西班牙王室所有。

直到18世纪，欧洲人仍称太平洋为“南海”，而且“海”这个词用的是单数。有些航海者绘制的中美洲和地峡的航海图上，今天的墨西哥湾和加勒比海被称为“北海”（因为这片海域处于巴尔博亚穿过的地峡北面），而太平洋一侧的海域则被称为“南海”。没有人用“洋”这个字眼：位于后来所谓的西属美洲以西的这片水域，其广袤无垠的程度，超乎当时所有人的想象。

巴尔博亚穿越地峡后不到十年，葡萄牙军人、探险家、航海者斐迪南·麦哲伦说服年轻的西班牙国王兼神圣罗马帝国皇帝查理五世——他治下的领土包含尼德兰及今日的德国和意大利北部地区——授权并资助组建了一支舰队。这支舰队由五艘船组成，计划一路向西，从大西洋航行到东印度群岛。东印度群岛早就以“香料群岛”著称，香料在当时堪称植物黄金，价值可媲美美洲的贵金属资源。麦哲伦当时并没有为跨越太平洋的漫长旅程做好准备，他的舰队中有数十人死于坏血病，这种疾病多发于长时间在海上航行的水手中间，病因是维生素C的缺乏。1521年3月，麦哲伦舰队终于抵达关岛，该岛今日是马里亚纳群岛的一部分，从南美洲最南端到这里，迢迢15000公里。西班牙人与关岛土著发生了短暂的暴力冲突，之后继续航行，抵达菲律宾群岛。麦哲伦试图强行在当地传播基督教，在抵达菲律宾约六周后，他带队进攻麦克坦岛上的土著，结果被杀。船队于1522年9月回到西班牙时，已只剩下一条船，不足二十个人。[1]

欧洲人就这样完成了史上第一次环球海上航行，但麦哲伦并没有途经范围更广的波利尼西亚群岛中的任何一片陆地，他最北没有到过夏威夷群岛，最南也没有到过社会群岛或库克群岛。从15世纪末到16世纪初*，佩德罗·费尔南德斯·德·基罗斯和阿尔瓦拉·德·门达尼亚·德·内拉（著名的门达尼亚）等航海者，曾相继到过马克萨斯群岛和所罗门群岛的一些地方，[2]但西班牙人继麦哲伦在关岛不怎么走运的登陆之后，只在后来成为他们殖民地的菲律宾与墨西哥之间，建立了一条常规航线，而关岛成了这条漫长航线上至关重要的一站。关岛上的土著查莫罗人遭遇飞来横祸：关岛是太平洋中第一个被欧洲人殖民的岛屿，从17世纪60年代起，就有西班牙传教士和军队进驻。此后不久，当地人的起义被残酷镇压，而一场天花的流行，更是导致当地土著十室九空。

西班牙人对查莫罗人几乎没什么兴趣：他们没有研究过这个民族的起源，对当地人的历史也缺乏了解。不过，在入侵和瘟疫

---

* 经查此时间可能有误，原文如此，疑似参考文献本身错误。——编者注

过后不久，一个与西班牙人截然不同的旅行家碰巧得到机会，对这个民族及其生活方式做了一些观察。英国海盗、探险家、作家威廉·丹彼尔当时大约34岁，他与查尔斯·思旺船长一道，乘坐“小天鹅号”从墨西哥来此，丹彼尔带上船的船员桀骜不驯，且面临补给短缺的窘境。丹彼尔痴迷于各种各样新的科学考察，其中就包括对各地民情和自然风土的考察。他生活的年代，正是罗伯特·波义耳*和罗伯特·胡克†的年代，也是英国皇家学会创立的年代。1686年，丹彼尔与那一班沉思冥想的自然哲学家天各一方，但受方兴未艾的调查探究之风影响，他对所见的各种动植物和土著民族做了详尽而准确的描绘。他到关岛一段时间之后，撰写了一部鸿篇巨制，详述了椰肉、椰汁（或者椰奶）、椰油和椰壳的用途。这不是欧洲人关于椰子树及其果实用途的最早记载，但比早期的记载要详尽得多。他的专著也可视为太平洋人类植物学——这门学科研究的是数千年来太平洋地区的居民积累起来的关于植物的深入、第一手的、创造性的实用知识——的首批文献之一。

这门学科的一个特点在这部专著中有鲜明的体现。丹彼尔在文中提到“椰壳的外皮在制作缆绳时大有用处”：

晒干的外皮充满细小的纤维。它一敲打就会变软，等混杂其

* 罗伯特·波义耳，英国物理学家、化学家，近代化学鼻祖。——译者注

† 罗伯特·胡克，英国科学家、博物学家，成就包括发现胡克定律和发明显微镜，等等。——译者注

中的其他物质如木屑一般掉落，余下的就是细线。之后，将这些细线纺成长纱，捻成方便使用的纱线球：把许多这样的纱线合成一股，便制成了上好的缆绳。[3]

在印度洋、东南亚诸岛以及太平洋地区，人们使用的绳子经常由椰子纤维制成，这种制作材料被称为“coir”（椰壳纤维），这个单词或许由马来语的发音演变而来。因为结实耐用，欧洲和其他地方也会制作这种椰绳。对数千年来太平洋群岛上的居民来说，

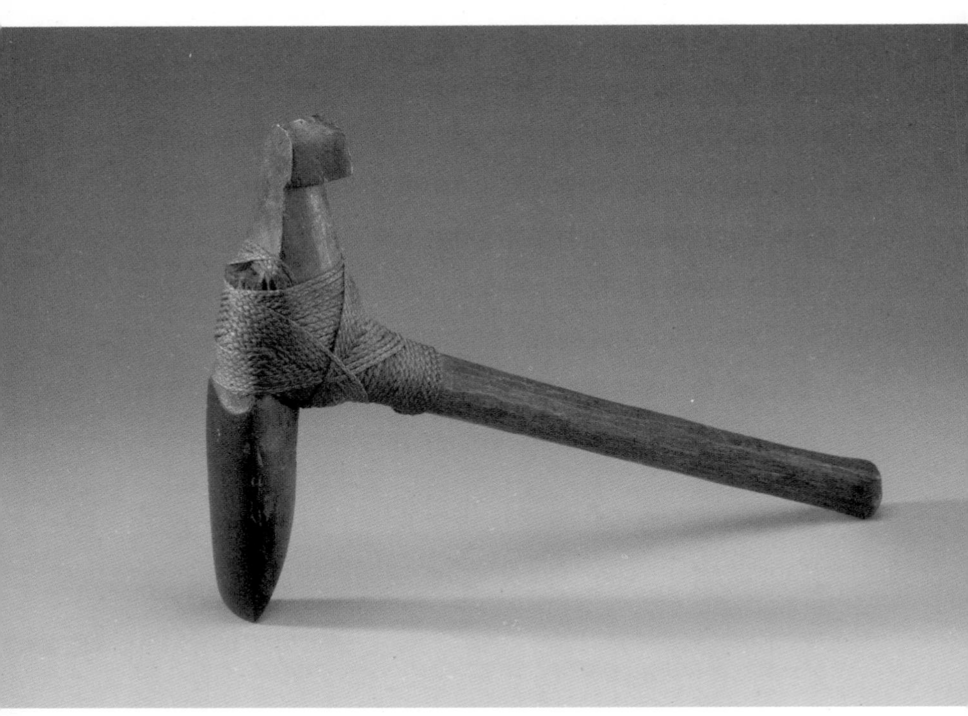

以椰壳纤维为捆绳的塔希提土著锛子，詹姆斯·库克船长航海途中收集。

或许这种纤维不仅在修缮房屋和制造独木舟等实际事务中不可或缺，而且还被编织到神像上，以求笼住他们的神力或法力。捆绑和打结不只是一种技术活，还有着仪式设计的意义和审美创造的价值。纤维合成以后紧实、均匀、光滑，能产生各种几何造型，这些制品除了和相关的编织工艺（如精致的席子和篮子等）有异曲同工之妙，偶尔还能与文身艺术相提并论。丹彼尔并没有意识到他在鉴赏关岛椰壳纤维的强度和品质时，已在无意间涉足更大的课题，不仅限于技术，还关涉信仰、宇宙观等问题。

这位英国访客有过详细描述的，除了查莫罗独木舟（我们将在下文中提及）外，还有自17世纪晚期以来就存在的殖民者与岛上土著之间的暴力冲突和仇恨。丹彼尔无从观察或思考的，是查莫罗人与其他岛上的土著之间有哪些类同之处，无论是距离相对较近的、南北狭长的马里亚纳群岛，还是分布在大洋洲西北更广阔海域中的那些岛屿，包括马绍尔群岛、加罗林群岛、基里巴斯群岛，等等。和西班牙人一样，丹彼尔的经验仅仅源于从美洲至此漫长的海上旅行，对17世纪末尚在欧洲人视野之外的众多太平洋岛屿，他仍一无所知。尽管阿贝尔·塔斯曼曾在17世纪40年代短暂地造访过今日的新西兰和汤加，在丹彼尔去世后，荷兰探险家雅可布·罗赫芬也曾在1722年到访复活节岛和土阿莫土群岛的部分岛礁，不过直到18世纪后期，这样的航行仍然少之又少。欧洲人对大洋洲的了解进展缓慢，而且这种进展始终是以零敲碎打的方式在推动。基罗斯、德雷克等人偶尔会发现一座又一座岛屿，但由于在海上难以精确地判定经度，这些岛屿很快又会得而复失。围绕他们“发现”的某些地方的确切位置，人们争论了数百年，却从未得出定论。在这几百年时间里，岛上的原住民无疑一直在扩大和加深自己对大洋洲的了解，这是欧洲文明所派出的那些“使节”所不能及的。欧洲人的确已经开始了解世界第一大洋的轮廓，不过他们对太平洋有人定居的区域依然知之甚少，而且也没有按照我们对欧洲和亚洲的界定方式，即以当地居民及其成就为标准，去界定大洋洲的存在。

无论对太平洋岛民还是对欧洲人而言，18世纪60年代和70年代都是不同寻常的年月。詹姆斯·库克船长和其他航海者接触到更多的原住民，加深了对太平洋的了解。这些航海者来自英、法、西班牙等国，其中包括库克的前辈、同时代人、后继者，诸如塞缪尔·瓦利斯、路易斯·安托万·德·布干维尔、亚历山德罗·马拉斯皮纳、威廉·布莱、乔治·温哥华……在库克的远征途中，欧洲航海者与土著岛民有过多次接触，其中有些是短暂的，看上去好像历史意义不大；而在另外一些情况下，两者之间的互动却是持久的，例如，在库克的三次航行当中，曾前后五次造访一些毛利人。不过，倘若一定要说这些接触具有深远和普遍的意义，就有可能重蹈将库克船长当作大英帝国英雄来长期崇敬的覆辙。自库克去世后，人们通过塑像、立碑等方式纪念他，纪念活动极尽奢华之能事。尽管在18世纪就有人批评这位航海者，但毫不奇怪的是，后来的太平洋群岛原住民学者和知识分子，诸如已故的埃佩利·霍法，仍然会担心库克被标榜为太平洋历史的创建者之一。[4]

即便如此，库克的航行仍具有非凡的意义，这与库克的性格没什么关系，也与长期以来一个备受争议的问题，即他对土著岛民的态度本质上是人道的还是侵略嗜杀的无关。真正重要的是，库克与他的同行者登上了南、北太平洋上一系列此前从未有外人涉足的岛屿。此外，与他同行的水手、艺术家和科学家也不容忽视。其中有些人兴趣广泛，想象力丰富，即使按启蒙时代的标准，也称得上出类拔萃。

1768年8月，库克乘坐一艘名为“奋进号”的船从英国启程，开始了他的第一次太平洋之行。出发前，他宣布此次远航的目的是要在塔希提岛观察金星凌日。对欧洲人来说，塔希提岛是新近才由库克的前辈塞缪尔·瓦利斯发现的。1763年，“七年战争”刚刚结束，欧洲迎来了难得的和平，国际科学合作由此进入一个新阶段，特别是各国的数学家和天文学家有机会通力合作，从世界的多个地点对金星凌日现象做精确观察：根据观察结果，将可推算出地球与太阳之间的距离。因此，库克及时离开英国前往塔希提岛，打算在当地建立观测基地，为在次年6月初进行的天文观测做好准备。

库克同时还领受了密令。很久以来，地理学家一直从理论上认为，世界一定会以某种方式保持平衡，这种理论的一个表现是，

下页图
在图帕亚的这幅画中可见社会群岛原住民的独木舟，
装有抬高的作战平台是其特色。

南半球的陆地面积应当与北半球的相当。这或许只是个看起来神秘的问题，却恰好与商人的幻想合拍。对美洲的入侵以及与印度、中国的贸易，成为欧洲早期现代史的发展动力。“南方大陆”紧随其后，成为臆想与投机的焦点，它不只是一块大陆，还可能意味着新的国家和文明，代表着商业和财富，或者至少，它也象征着一片拥有贵金属、香料或其他未知稀罕商品的土地。英国海军部和政府部长们头脑发热的程度也不相上下。探索当然符合英国的国家利益，对英国的贸易有潜在的好处。除了致力于雄心勃勃的科学实验、扩充制图与航海知识之外，库克此行的目的无疑也带有明确的帝国扩张企图。

不过，这趟远航最重要的成果几乎是其原计划的副产品。要观察金星凌日——即便这是为了寻找南方大陆这一更重要的目的而采取的障眼法，但仍是一件重要的任务——库克的船队就必须在此天文现象发生前至少三个月抵达塔希提岛，而与以往通常情况下欧洲人与岛民的接触（西班牙人没能对岛民有更多了解，却造成毁灭性影响的关岛之行除外）相较，库克一行也需要与当地土著有更深入的接触。继最初瓦利斯与塔希提土著一系列暴力冲突以及表面的讲和之后，此时英国人更有必要与波利尼西亚人建立良好关系：天文观察只能在安全的海岸基地上进行，如果无法得到当地人的同意，这样的基地就很难建立起来，并得到良好的运转。

因此，库克一行有必要了解岛上的原住民，岛民也有了了解这些欧洲航海者的机会。而即便与丹彼尔笔下那些细致入微的观察相比，这种了解对库克一行而言也有着不同的意义。丹彼尔的书提高了航海叙事的标准，为库克这样的航海者树立了典范。然而，丹彼尔的资料是在工作之余收集的，他本质上兼具海盗和海军军官的双重身份：他不负责做任何系统的观察。而且他的所见所闻，基本上也是站在外来人的立场上进行的。库克拥有的一个有利条件是，他们一行人里有船员曾在海上追随瓦利斯，有人还懂一些基础的塔希提语，故而库克自己麾下的军官和水手当中有语言天赋的人可以向这些人学习。而英国皇家学会在此行中也派出了一个名为约瑟夫·班克斯的代表，他是个出身于富裕阶层、野心勃勃的博物学家，后来还成了皇家学会的会长，堪称那个时代最有权势的科学探险家。班克斯的私人财富意味着他有能力带着一众科学家、艺术家、绘图员、助理人员随行：这相当于现代社会的一整支科学考察队。

班克斯的团队以及从“奋进号”上下来的人，有时间与塔希提岛民“打成一片”：臭名昭著的性行为发生了不少，无论是否出于主观目的，这些性行为的发生都对他们学习当地语言起到了促进作用。他们对塔希提文身着迷不已，包括班克斯本人在内，许多人都把塔希提文身艺术家的作品“收集”到了自己的皮肤上。这种广泛深入的接触在很多方面都是值得注意的，尤其是库克、

下页图

库克第二次远航的随行画家威廉·霍奇斯是史上第一个绘制后来著名的复活节岛石像的人。

班克斯等人与社会群岛土著图帕亚之间的关联。图帕亚是个祭司、航海者，同时是个知识渊博的太平洋岛屿上的原住民，后来在“奋进号”离开时，他抓住机会登船，成了船队的一员。

在近二十年里，关于图帕亚在库克远航中发挥的作用，学者和饶有兴致的太平洋岛屿原住民进行了越来越多的讨论。[5]早先人们认为，他不过是搭个船而已，偶尔充当中间人的角色，不过现在事实已经很清楚了：他曾帮助船队导航，还做过重要的外交工作，不仅在“奋进号”途经社会群岛的胡阿希内岛期间，而且还在新西兰——他与那里的毛利人能够相互交流。人们通常认为，跨文化交际当中往往会发生不同世界观的剧烈碰撞，但对库克、班克斯一行人试图发现和定位新大陆的行为，图帕亚显然抱以充分的理解。他看起来对这些英国人的任务很感兴趣，至少他愿意向他们分享自己的知识与经验。值得一提的是，他绘制了一张海图，这张海图如今已经成为太平洋地区跨文化交际的标志性文物。海图上标出了为社会群岛原住民所知的多个岛屿的名称和位置，其中一些他本人曾经踏足过。他制作的这张地图（本书第五章将进一步讨论）已经被人深入分析和探讨了许多年，至少这张图让库克（他非常小心地复制了这张图）清楚地明白，太平洋并不是一片荒无人烟的汪洋，而是一片有大量人口定居的岛屿密布的海域，那些能力出众、经验丰富的航海者早已对这一地区了如指掌。

“奋进号”从塔希提岛出发，在胡阿希内岛做了短暂的停留，接着转向南方，开始专注于搜寻南方是否有任何大陆存在。它曾途经南方群岛中的鲁鲁土岛，当时岛民划着一条独木舟出来迎接，船上的水手与岛民进行了简短的交流。然后，它继续向南和向西搜寻陆地，并于1769年10月初抵达今天新西兰北岛的海岸。与毛利人的初次会面，是库克直至去世前所经历的跨文化交际中最致命的骚乱与暴力冲突：最初的几天里有八到九名毛利人被杀，几周后又有一人被杀。在这些纷乱的冲突中，图帕亚尽了最大的努力从中调解：他“用自己的语言与他们交谈，他们竟然完全听得懂，这让我们喜出望外”。[6] 还有人注意到，一个被杀的毛利人身上的文身表明这里的风俗与塔希提岛相近。尽管库克本人绕行新西兰南北两岛的航海日记记载的，主要是航海方面的事情和与当地土著即兴的文化交流，但他和其他人显然都在试图理解自己在与毛利人接触过程中的所见所闻，并反思这些现象就人类历史和航海而言的意义。

库克写日记时有这样一个习惯，即除了记载某一日对某个特定地点或地区的探访外，还要在深思熟虑后加上一段评论。所以在1770年3月底“奋进号”最终离开新西兰海岸时，他写下了对该地以及岛上原住民的详尽记述，还附带他的思考。最重要的是，他提道：

他们关于创世与人类起源等观念，与南海诸岛（指社会群岛中的塔希提岛和胡阿希内岛）的原住民一样。事实上，两地的许多观念与习俗如出一辙，不过最重要的证据是他们的语言全都是同根同源的，仅在少数单词上有所不同。[7]

在这段文字之下附了一张复杂的对照表，其中有大约四十五个名词，包括酋长、男人、女人、身体各部分、某些食物的种类，以及从一到十的数字。有意思的是，表格里列出了“坏”这个词，却没有“好”。尽管其中对塔希提语和毛利语单词的转录并不符合现代标准的正字法，但令人惊讶的是，当时的欧洲人已完全有能力正确记录下大部分单词，这一点今天任何一个哪怕对这两种语言稍有了解的人都能看得出来。例如，“到这儿来”被正确转录为“haromai”或“haere mai”，而（用于欢迎仪式或者日常表述的）这个词在塔希提语和毛利语中是一样的。

库克毫不怀疑两地的原住民“同根同源”，考虑到两个群岛相距超过四千公里，这一论断很值得注意。他在紧接着的下文中加了一句：“但其源头究竟在哪里，也许我们永远都无从得知了。”[8] 他有些过于悲观，不过仍继续写道，两地原住民一定不是来自东方，也不是来自南方。他认为从美洲漂洋过海而来不太可能，而且在当时也已经怀疑是否真的存在一片南方大陆，或许能想象他们是从那里起源——但是“除非是在高纬度地区”，也就是更远的南方。

库克初次远航一年半后，终于见到了这些原住民之间真正让人诧异的关联，他和其他欧洲人一样，都将这些原住民视为“印第安人”，即未开化的野蛮人。然而这些人却曾经不知何故，从各个方向进行了穿越广袤海洋的远洋航行。他们显然有亲缘关系，有一些共同的历史，不是同“根”就是同“源”。库克暗示，这些人祖籍在何处是个巨大的谜团，他的记载标志着对太平洋岛民的迁徙、历史和文化归属的整个研究传统的开端。18世纪的古物研究热尚未形成像考古学这样成系统的学科；库克并不知道，将来一门研究人类历史的学问，或许可以在某种程度上精准地重塑古代人口流动的模式。不过他也断然拒绝接受任何太平洋岛屿原住民可能来自美洲或南方未知大陆的看法。他并没有完全排除这些人有从北太平洋航海而来的可能，不过考虑到其中跨越的遥远距离，他所暗示的唯一可能的发祥地就只有东亚或东南亚了。

库克的同伴约瑟夫·班克斯与他所见略同。在这一趟航行的后期，班克斯还收集了更多的“语言样本”，制作了“南海”（塔希提）语、马来语、爪哇语，以及远至马达加斯加的土著语言的单词对照表。一个出生在马达加斯加的奴隶为他列出了当地语言中的常用词，这名奴隶是一艘英国船上的，在“奋进号”停靠巴达维亚港的时候，这条船刚好也在港内。尽管马达加斯加语不像塔希提语和毛利语那样接近，但其潜藏的“相似性”却引人注目。“我原本猜想马达加斯加人的影响不会很大。”班克斯写道。[9]他的意思是，他无法理解东印度群岛上的这些“棕色长发人种”怎么会与马达加斯加岛上的“黑色鬈发的原住民”有关联。假若“奋进号”在穿越印度洋、经非洲南部驶入大西洋回国的途中于马达加斯加岛停靠，一定会惊讶地发现，那里的定居者既不是黑皮肤的，也没有“鬈发”。事实上，正如他所提供的信息所暗示的，他们所讲的南岛语系语言与东印度群岛和大洋洲当地原住民的语言有某种亲缘关系，而且马达加斯加人的体形外表也与这些岛上的居民相仿。

班克斯后来再也没有将这些语言学或文物学的研究继续下去。回到英国后，他很快就重操旧业，回到了自己原本就最感兴趣的行当：植物学，以及广义的自然科学。但在这趟旅行中，他显然发现了人类历史上的一个重大真相，即分布在极其广袤的海域中的岛民，却讲着相互之间有亲缘关系的语言——尽管他曾被这些人外形上的显著差异所困惑。这种灼见与误会的混合，将左右此后近两百年里欧洲人对太平洋的观察方式。

“奋进号”远航途中的观测数据，将在库克第二次远航（1772—1775）的三年多时间里大为丰富。库克这一次的任务是一举确定南方大陆是否存在。他的计划是在第一次远航后期形成的，具体是趁南半球的夏季，向遥远的南部海域实施一系列巡航，穿越尚未探索过的区域，明确那里是否存在任何大陆。他很可能从一开始就不相信那里有大陆存在，到1775年回到英国时，他已经确信那片海域里没有宜居之地，他去过的地方比过去任何人去过的都更偏南，而且还见到了南极洲的“冰群岛”和巨大的冰盖。在向遥远的南方高纬度海域探查的间隙，他的船队会回到太平洋热带海域休整。1773年和1774年，在两度艰难的南极洲之行中间，他再次登陆新西兰岛、塔希提岛以及其他地方；其中，他在1774

年3月至11月的第二趟航行尤其引人注目。

库克和许多人一样，身体在海上饱受极端天气的折磨，在船队停靠复活节岛时，他终于病情加重。荷兰航海者雅可布·罗赫芬五十年前曾到过复活节岛（1770年，两艘西班牙船也曾在此停靠，但库克没有见过此行的文字记录），欧洲人因他的记述才知道了这座岛，不过所知甚少。库克的复活节岛之行在许多方面意义重大。他和同伴第一次用彩色绘画详细描摹了著名的摩艾石像（毛利人被神化的祖先的石像）。然而，在越来越明显的文化和语言亲缘关系的语境中，从欧洲视角来看最令人诧异的，却是复活节岛的位置之偏远。荷兰人的报告没有明确提到库克一行一眼就能看出的问题：他们在复活节岛上所邂逅的原住民，与社会群岛原住民、毛利人、汤加人和其他波利尼西亚原住民族有着密切的亲缘关系。不过无论以怎样的标准来看，这些岛民与上述那些原住民都天各一方。正如库克在他的航行日志中所说：

他们的肤色、相貌、语言都与更西面的那些群岛上的民族十分相像，以至于没有人会怀疑他们有着共同的起源。同一个种族竟能分布如此之广，覆盖从新西兰岛到这座岛屿的广袤大洋，跨度将近地球周长的四分之一，着实令人匪夷所思。[10]

大约半年以前，在船队停靠汤加群岛时，当地人用于岛际和群岛际航行的双体航海独木舟曾令库克大为惊异，他当时的感受与近一个世纪前威廉·丹彼尔看到查莫罗人类似的航海工具时一

汤加人的航海独木舟给欧洲航海者留下了极为深刻的印象。

模一样。最能说明问题的是，库克注意到这些独木舟不仅仅是近距离的“载运工具”，也就是说，其甲板足以承载多个人或许多货物，而且还“能用于远距离航行”。[11] 他已经知道图帕亚游历过许多地方，去过或听说过距离塔希提岛或近或远的许多岛屿。库克在这里所说的“远距离”的确切含义很难判断，但他无疑已经认识到，波利尼西亚民族的航海知识和部分大型独木舟的航行能力

汤加塔布岛独木舟的构造图解，收录于库克所著《向南极点进发》(*A Voyage toward the South Pole*，1777）一书。

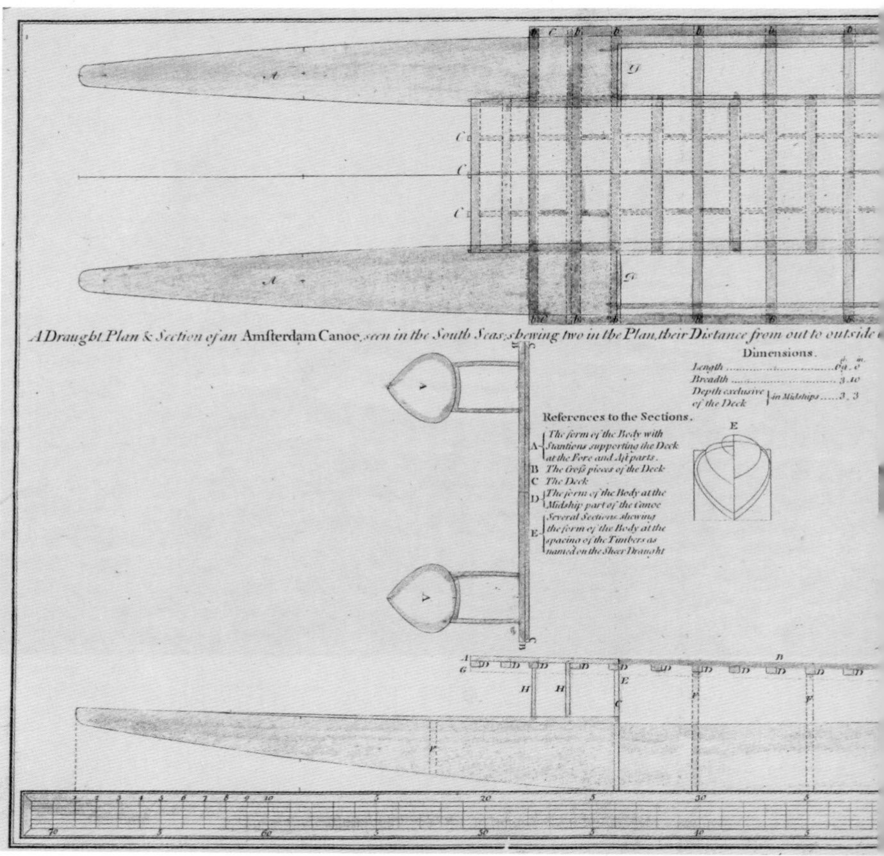

表明，他们对海洋的理解和取得的技术成就已经达到极高的水平。对复活节岛的访问既帮助库克马上印证了这种判断，也让问题变复杂了。他和同伴们面对的事实是：这些“同一个民族”的人曾有目的地在广袤的太平洋上穿行。这种航行即便对当时的欧洲人来说难度也很高，尽管他们拥有铁器打造的船、用工业方式编织出来的布匹制成的船帆，能依靠印制的地图、文献和航行指南导航，还可以使用先进（即使还处在试验阶段）的仪器。难怪当欧

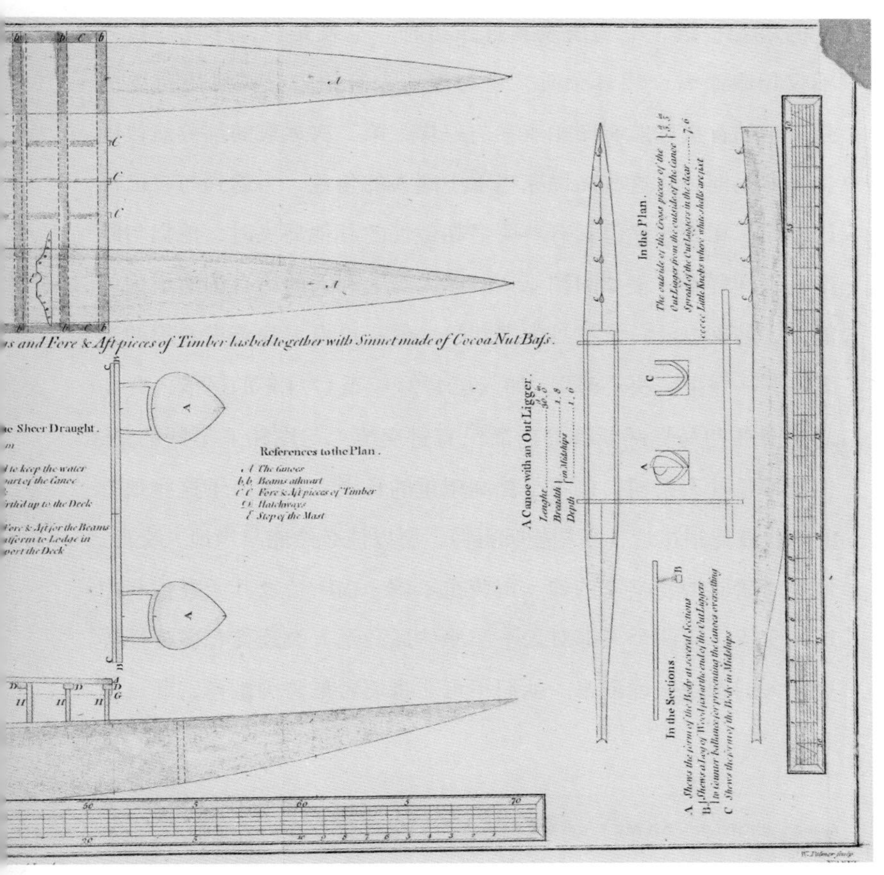

洲人遇到没有铁器、仪器、文字资料和地图，却能做如此远洋航行的民族时，会大为震撼。不过在复活节岛，库克一行见到的独木舟却只能用于近海捕鱼。在祖先来此定居一段时间之后，岛民就不再出海远航了。在这个欧洲人对大洋洲历史产生兴趣的早期阶段，有一点已经是显而易见的了：岛民社会并不表现为一种“自然状态”，而是各地已经出现了分化。

库克在数次远航期间，对太平洋原住民的文化做了丰富的记录，不过这不仅仅是因为与他同行的部分水手逐渐掌握了一定程度的塔希提语、毛利语及其近亲语种。也就是说，库克一行人不仅用眼睛看，用耳朵听，还与当地人有语言交流。更重要的是，正如首次远航有图帕亚参与一样，第二次远航的部分航段中也有岛民同行。这些岛民充当了中间人的角色，当遇到与自己民族不同、相距甚远但又有着明显相似性的其他岛民时，他们与欧洲人一样好奇。正如图帕亚让欧洲人与毛利人的语言沟通成为可能，一名来自波拉波拉岛的青年——他有玛希尼和希提希提两个名字——登上“决心号”，加入了1773年至1774年的巡航，并与复活节岛和马克萨斯群岛的岛民有过交流。与图帕亚不同的是，他既不是什么祭司，也不是德高望重的长老，不过由于这些地方的语言彼此很接近，互相能听得懂，所以他必然能与当地人交谈。他先后陪同博物学家约翰·雷茵霍尔德·福斯特及其子乔治与当地人交流，这两个人都对太平洋原住民乃至人类迁徙和多样性等更宏大的课题兴趣浓厚。他们很可能将玛希尼聘为翻译，既试图在其帮助下解答实用性的问题，也希望探索更宏观的历史和信仰问题。因此，当库克观察到“当时，他们中的许多人除了能够共享从古时候流传下来的传说，彼此之间已经一无所知”时，他很有可能就是从玛希尼收集到的信息中得出的结论。库克想必了解到复活节岛上的居民对现在的塔希提一无所知，但可能委婉地提到过他们曾漂洋过海定居于此的传说，当地有些地名或许是玛希尼在社会群岛的民间传说中听过的，或者至少能让人联想起相似的地名。

令人惊讶的是，在了解人类横渡太平洋这一壮举的早期阶段时，我们的发现不仅仅来自欧洲人，还来自岛民自己，以及岛民和欧洲人的对话。岛民向来了解自己的历史，从某种意义上来说，记述传统习俗的资料在当地文化中非常重要，它们涉及家族谱系、航海、定居、婚姻、战争以及礼仪。过去的历史无疑年代久远，它们不断被重构，以反映特定家族、武士、祭司和其他杰出人物的兴衰，如今这些历史已经成为某些特定的岛民群体集体意识的组成部分。不过到18世纪70年代，出现了一些新的情况。早先通过移民和贸易建立的联系，原本已经随着各地人类社群的发展而中断，但通过随欧洲人远航的岛民（如玛希尼）与欧洲人的船曾经到过的各地岛屿上岛民的接触（不只在复活节岛，也在马克萨斯和其他许多群岛上），这种联系如今重又建立起来。或许数百年来仅在传说里才听过的亲缘关系，而今却在现实中重现了。岛上的原住民——即便如汤加人那样在18世纪航行过大片海域的民族，

从印刷的这张画上能一目了然地看到汤加双体独木舟的尺寸大小，画面上一艘这样的独木舟正停放在船棚内，出自杜蒙·杜维尔的第二次远航（1837—1840）途中绘制的地图集。

也开始意识到自己是分布更广泛的大洋洲共同体中的一员，与其他岛民之间有着深厚的历史渊源。一方面，如库克所说，在他初次抵达复活节岛时，岛民已经不再制造那种更大型的航海独木舟，原本他们的祖先一定是驾着那样的独木舟来到岛上的；另一方面，自18世纪90年代开始，岛民越来越频繁地以各种身份登上外国人的船，开展自己的航行，重新接续起与其他岛民中断的联系。

库克的第二次远航还首次推动人们付诸实践，开始通过各种形式对太平洋原住民做系统的描述。约瑟夫·班克斯原打算跟随库克一道远航，却因两人之间发生激烈争吵，一怒之下退出了该次行动，二人争吵的关键是库克提议的新船上的住宿安排，班克斯认为库克的安排无法满足他和自己团队的需求。为填补他留下的空缺，海军部在多少有些仓促的情况下招募来了约翰·雷茵霍尔德·福斯特，他是一位杰出的博物学家，才华横溢，见闻广博，在曾经跟随库克出海的学者当中，他以脾气古怪著称。福斯特把自己的儿子也带上了船，船队启程时，他还不到18岁。小福斯特后来以英文出版的著作，署名是“乔治·福斯特”，但在德国文学和历史学界，他更为人知的名字是“乔格”。他后来曾与亚历山大·冯·洪堡一同游历，还成了法国大革命激进的支持者。尽管当时人类学作为一门学科还远未诞生，但福斯特父子都是好奇求索、志存高远的思想家，渴望对太平洋上的这些原住民及其风俗习惯做深入的观察。在这次远航结束后，约翰·福斯特撰写了一本在他那个时代独一无二的书：不是游记式的叙事，而是对“观察”结果详尽的阐述。书中涉及水文、冰况、群岛的形成以及动植物，但大体上，这些内容与探索者们在太平洋所遇到的、福斯特所谓的“人类物种多样性”有关。[12]

与此前任何一次航行都不同的是，库克第二次远航的参与者们有机会对太平洋上的许多民族做持续的长时间观察，这些民族既包括塔希提人、毛利人、马克萨斯人、汤加人等太平洋东部的岛民，也包括太平洋西部的岛民，特别是被库克命名为“新赫布里底群岛”（今天称为瓦努阿图群岛）和“新喀里多尼亚群岛”（后来成为法国领土，岛上的居民今天自称卡纳克人）的岛上的原住民。当时人们还没有使用“波利尼西亚”和“美拉尼西亚”这样的地名，不过福斯特十分强调“南海”各民族之间的重要区别（以前人们把17世纪英国海盗常常出没的巴拿马地峡以南的水域称为“南海”，但此时欧洲人已经认识到，福斯特口中的“南海”是一片较此广阔得多的大洋）。在福斯特的《环球航行观察》（*Observations Made During a Voyage Round the World*，1778）一书中，他用了将近四百页的篇幅专门讨论太平洋岛屿上的原住民，他开门见山地指出：

> 我们在南海主要观察到两大族群：一类肤色更浅，体格健壮，身材匀称，和蔼可亲；另一类肤色偏黑，头发微卷，身材更瘦更矮，而他们的个性虽然称得上活泼有生气，却有些多疑。前一族群定居于塔希提岛、社会群岛、马克萨斯群岛、友善群岛、复活

节岛以及新西兰岛。后一族群则定居于新喀里多尼亚群岛、塔纳岛和新赫布里底群岛，尤其是马拉库拉岛。[13]

事实上，无论在过去还是现在，新喀里多尼亚群岛和瓦努阿图群岛原住民的肤色都比其东面的原住民更黑一些，他们拥有卷曲或者毛糙的头发，而不是直发。这位博物学家观察到了这些岛民外观上的差异，但对这些差异的表述是为18世纪的评论家服务的，其中有些评论家认为黑人属于另外一个物种，与欧洲人相比，他们不仅肤色更黑，而且头上长的是“羊毛”而非“头发”。福斯特的种族观念——以及在随后的几十年里，围绕太平洋地区人类多样性屡屡引发的观察、论争和各种观点——究竟如何，在此处没有必要深究。[14]至关重要的一点是，他观察到太平洋地区存在“两大族群”，而他的这一观察后来成了研究大洋洲原住民的基础。

就19世纪初关于大洋洲原住民的著作而言，影响最大的来自法国航海者儒勒·塞萨尔·塞巴斯蒂安·杜蒙·杜维尔，他在19世纪20年代和30年代曾多次参与前往太平洋和南极洲的远航，其中有两次是他本人指挥的。他接受了当时人类学思潮中的一次新转向，这种新转向突出强调种族差异，而不再仅将人的头颅形状、容貌与民族特征联系到一起。杜蒙·杜维尔为巴黎一本地理学期刊撰写了一篇影响深远的论文，文章里收录了一张重要的地图，该地图将“大洋”划分为几个地区，包括波利尼西亚、美拉尼西亚和密克罗尼西亚。福斯特所作的相对温和的区分经过进一步阐释，变成了武断、直白的价值评判，这种评判涵盖一个民族的体貌特征、语言、政治组织等多个方面。在杜蒙·杜维尔的陈述里，大多数波利尼西亚人走向"统一"，组成了酋长国或王国，而与之相对应的是美拉尼西亚人，他们四分五裂，社会组织"脆弱"。他在波利尼西亚人和美拉尼西亚人之间做了可憎的、公然充斥着种族主义的对比，这种比较涉及智力、法制建设程度与想象中的法制缺陷、性情以及语言的多样性等。其中还包括从男性视角对当地女性作出的性吸引力评估，例如，他称美拉尼西亚女性"丑得可怕"……[15]

杜蒙·杜维尔所绘制的介绍大洋洲各民族的地图，很快就通过广受欢迎的、百科全书式的出版物和地图流传开来，它们照抄了德乌维尔设定的名词和划分。这些族裔标签很快被英语世界和其他地方地理学和人类学领域的写作者采纳，不久还成了通用的标准。尽管这些概念的含义和所附加上去的价值后来有所变化，但波利尼西亚人一般总是被认为是半开化的，而美拉尼西亚人则让人觉得更"野蛮"。密克罗尼西亚人在外形或文化上并没有显著的不同，因此该岛未能得到界定，而是被模糊地划定为一群分散的、据说很小的岛屿，虽然关岛、波纳佩岛等属于相对较大的高岛，但其中的确有许多只是西北太平洋里的环礁。[16]

在整个19世纪，太平洋不仅变得更为有名，还成了欧洲列

下页图

该地图出自1854年法国出版的世界地图集，它对大洋洲的划分依据的是杜蒙·杜维尔提出的方案。

OC

DESCRIPTION HISTORIQUE SUR L'OCÉANIE

L'Oceanie *est la cinquième partie du monde qui se développe sur l'immence Océan et dont la grande quantité d'Iles embrassent plus de la moitié du globe. – Le cinquième continent proprement dit qui a reçu d'abord par les Hollandais le nom de* Nouvelle-Hollande *appellée aujourd'hui* Australie *est aussi étendue que l'Europe. – On divise* l'Océanie *en quatre grandes parties d'après* Dumont-Durville, *1° la* Malaisie *2° la* Mélanésie *ou* Australie, *3° la* Polynésie, *et 4° la* Micronésie. *– Le climat de l'Océanie est généralement tempéré excepté aux environs de l'Equateur ou il y fait par conséquent très chaud. – Les montagnes des îles de* l'Océanie *sont remplies de volcans aucune partie du monde n'en offre autant. Il éxiste de nombreuses mines d'or, d'argent, de plomb, de cuivre &c. Partout la nature a fournie une surabondance de végétaux alimentaires aux usages domestiques, la famille des Palmiers est si nombreuse qu'elle est répandue jusque dans les îles les plus éloignées et les plus petites. Les habitants sont cuivrés et noirs et professent les religions de l'Idolatrie et du Mahométisme. Le Catholicisme, le Calvinisme, et le Christianisme sont professés par les insulaires des colonies soumises à la domination Européenne. – Les gouvernemens sont absolus et barbares. plusieurs habitants de différentes îles continuent de pratiquer l'anthropophagie, il en éxiste cependant qui ont une douceur de caractère qui contrastent singulièrement avec les idées cruelles de plusieurs Océaniens. La Pop. Tot. de l'Océanie est évaluée à 27.000.000 d'h*

Gravé par

I E

Illustrée par Raimond Bonheur Peintre.

强入侵和攫取利益的目的地之一。紧随欧洲探险家而来的是捕鲸者，寻觅新鲜货色和当地特产的商人、传教士，以及欧洲移民。殖民地一开始都是“非官方”性质的。商人建立据点，港口城镇发展起来，但时机一到，欧洲列强便强占了横跨太平洋的广大土地，尤其是在19世纪的最后十年，在法国吞并新喀里多尼亚群岛（1853年成为法国流放罪犯的殖民地）后，美拉尼西亚地区较大的群岛纷纷被德国和英国占据。斐济和夏威夷都被扶植为政治独立的君主立宪制王国，白人移民在当地政府中有很大的影响力，但最终这两个地区都被并入了帝国版图：1874年，斐济国王萨空鲍被迫与英国王室签订割让斐济的契约；而在19世纪90年代，夏威夷王国的政权则被美国推翻，领土也被后者吞并。

在这些殖民关系普遍确立的背景下，部分欧洲人开始对太平洋岛民的历史和文化产生浓厚的兴趣。一些传教士的基督教信仰似乎已经让位于他们对民族学、历史学和民俗学的学术兴趣，事实上，他们也为岛民取得的文化成就所折服。其中有些人成了英国人类学学会的撰稿人，并为詹姆斯·弗雷泽爵士这样的杰出学者——《金枝》（*The Golden Bough*）就是他的代表作——提供了许多关于太平洋岛民礼仪和传统的信息。其他人也曾详尽地撰述和推测过太平洋岛民的起源。这些作者当中最出色的，包括被派往库克群岛的新教传教士威廉·怀亚特·吉尔、被派往马克萨斯群岛的天主教神父皮埃尔·肖莱、新西兰殖民地总督乔治·格雷等人。他们精通当地语言，多年来从部落长老那里收集了大量关于原住民传统文化的资料。他们把自己得到的文物送给学术团体和博物馆；收集并保存了大量家谱、颂歌和史籍的手抄本；还出版描述太平洋岛民的专著，编纂民俗文献，这些资料至今对原住民和非原住民学者而言仍然十分宝贵。

尽管如此，其中许多学者却没能摆脱某种时代精神的禁锢，这种时代精神未尝不是有趣的，但有时也近乎蒙昧主义。19世纪下半叶以来，部分大学学者和学院外的文物研究者（往往是职业的）都对思辨语言学——主要研究语言的历史及其文化归属问题——大为着迷，并对随着时间的推移将不同文明和民族联系起来的古代移民饶有兴致。此类调查研究所依据的信息往往来自十分广泛的阅读，然而从方法论的严谨程度来看，这种研究方法实在乏善可陈。这些研究者倾向于将碰巧相似的名称和词语生拉硬拽到一起，还武断地将仪式和典礼从它们产生的背景中剥离。他们认为如此一来就找到了不同民族之间存在亲缘关系的证据，例如，由此证明太平洋原住民的祖先来自古代亚洲和中东。

太平洋研究中此类思维模式最知名的拥护者之一是亚伯拉罕·福南德。他1812年出生于瑞典，在乌普萨拉大学和隆德大学受过语言学和神学教育，后因与自己的一个姨妈有染而名誉扫地，于是前往美洲和其他地方游历。19世纪40年代，福南德定居夏威夷，并与当地一位颇有权势的女性结婚。他平时为报刊撰稿，甚至自己负责报纸的发行，后来他抓住机会，成了独立的夏威夷王国政府中的一名高官，并兼任法官。福南德无疑很早就对夏威夷神话和历史产生了浓厚且真挚的兴趣。他花了许多年时间搜集资料，想要写一部书。这部书的第一卷最终于1878年出版，书名是《波利尼西亚民族志：其起源和迁徙，以及卡米哈米哈一世时期夏威夷民族的古代史》（*An Account of the Polynesian Race：its Origins and Migrations, and the Ancient History of the Hawaiian People to the Times of Kamehameha I*）。[17]

此类著作在西方属于一类更广泛的思潮的产物，而不能归属于某个特定学派的作品。但当时许多理论探讨都以这样一个观点为基础，即民族是由其起源界定的，而可靠的民族起源可以追溯到数千年前，并且现在的民族与早期形成的“民族”或“种族”之间存在重要且不容置疑的亲缘关系。在该书序言中，福南德将其研究目的简述为追溯夏威夷人的历史，“并重建他们与世界上最重要的民族——雅利安人和库什人——之间中断的联系”。他所谓的“库什人”指的是《圣经》里居住在古代红海与埃塞俄比亚一带的民族。而“雅利安人”在19世纪的语境中则源自南亚的文化和宗教认同。在德国纳粹主义意识形态对这个概念臭名昭著的滥用之前，许多学者将它变成了一个种族概念，并使其与理论上更开化的欧洲人联系到了一起。

就福南德所判断的波利尼西亚各地文化的相似性来看，他的观察是合理的，与曾经做过语言学比较研究的许多旅行家和学者不谋而合。无疑，在大洋洲东部各地，人们的定居地与祖居地名称同源的示例比比皆是。例如，“夏威夷”（Hawai ‘i）这个名字就是萨摩亚语中“萨威夷”（Savai’i）的一种变体。“爪哇”（Java）不大可能是进一步的变体，不过福南德声称，夏威夷人和波利尼西亚人总体上与东南亚岛上的人种关系紧密，这一论断自那时起就几乎没什么争议。然而当他继续向西和向北冒险，向“旧世界”回溯这些民族迁徙的脚步时，他的观点却完全变成了空想：

> 埃及神牛阿匹斯和姆尼维斯都是黑色的，在表示祭祀和涂油膏礼的象形文字中，主事的祭司也被涂成黑色，而接受仪式的人则被涂成红色：这在上埃及尤其普遍。因此，黑色似乎代表了至高无上的神圣性。波利尼西亚谚语（用夏威夷语表达）“he weo ke kanaka, he pano ke alii”——“红色是凡人，黑色是领袖”，有可能就起源于这种或类似的对神圣性的认识。[18]

这样的论证和写作带有明显的偏见，甚至可以说很荒谬。就连其叙述的基础（福南德最熟悉的文化中色彩的象征意义）都成问题。在夏威夷，红色带有地位尊崇、神圣不可侵犯的意味，名为“羽毛神”的形象就是一个生动的例子。而且在每一个点上，福南德的证据都缺乏说服力，即便叙述最精彩的部分也让人起疑。例如，祭司或主持仪式的人相较接受仪式的人更神圣，这一点就很难理解。然而，书中充斥着连篇累牍的“似乎”或“可能”的真相，这些论据积累起来，其数量本身就足以让人印象深刻。大量引文至少为作者更宏大的立论提供了学术工具，使其在表面看来像是严谨的学术作品。福南德的作品肯定了库什族是古代推进文明的力量，在探索和殖民方面是欧洲人的先驱，是“首先远航并探索地中海以及印度洋诸海海岸和岛屿的人”。正如所有此类政权经年累月之后总会迎来一样的归宿，他们的帝国最终自然解体了，更重要的原因，则是这个民族被其他“进步和自给自足的民族”所征服。然而幸运的是，作为它的遗产，库什人的“宗教观念、社会习俗、艺术和知识”被“嫁接”到了其他野蛮部落身上。[19]

福南德的著作只会让人想起乔治·艾略特的小说《米德尔马契》里爱德华·卡苏朋的《世界神话索引大全》(*Key to All Mythologies*)：卡苏朋自命不凡，试图通过写这本书一统神学的天下；然而小说里再明显不过的是，他理想中的作品“浮于模棱两可的臆测之上……如同将星辰连线成星座的方案，想怎样连就怎样连，丝毫不受外界影响”。[20]从历史学和人类学重构的视角来看，福南德的著作就像小说里的那部神学著作，归根结底是空洞的，尽管他也曾想凭借《波利尼西亚民族志》一书影响现实世界。无疑，福南德试图通过将夏威夷文明与他想象出来的那个在古代亚欧大陆扮演更高文明角色的“种族”联系起来，肯定并提高前者的地位。然而他称颂一个原住民民族的方法和基础，根本上却源于等级分明的欧洲式话语体系。他那冗长而不合情理的比较研究的真正核心，是各民族和种族迥然不同的理念，是某些种族与其他种族相比更高贵、更进步或更能“自给自足”的理念。在19世

下页图

毛利艺术家菲奥娜·帕丁顿利用大比例的照片，将杜蒙·杜维尔远航过程中制作的真人大小的塑像，转制成了纪念岛民祖先的雕塑：玛鲍马特考真人塑像，甘比尔群岛，2010年。

Ma Pou Ma Tekao,
Ao Kéna,
Archipel Gambier.
N°-863.
863

纪，这样的理念往往隐含着巨大的危险。正是它们让殖民甚至对原住民的种族灭绝，成了“进步”种族向世界散播文明成果的必然结果。就夏威夷人本身而言，福南德的理论让这样一种解读成为可能：这些库什文明的继承者可能终将重蹈库什人的覆辙，走向分崩离析，在一个“进步的”民族到来（入侵）之后被其征服。

这并不等于说福南德本人是欢迎对夏威夷群岛的殖民的，这里已经成了他的家。他为独立的夏威夷王国所做的贡献，得到了当时夏威夷王室的承认，而且他死在美国移民和美国政府推翻夏威夷君主制之前，美国此举为以后将夏威夷群岛纳入美国领土，并最终成为美国的一个州铺平了道路。问题的关键并不在于福南德无意之间充当了殖民者的帮凶（当地延续至今的争取主权的运动，也长期对他在其中扮演的角色存有争议），而在于他对波利尼西亚文化所做的学术研究无论有怎样积极的一面，总归都是受到了种族思维的深刻影响，这种思维包括：人与人之间真正重要的差异都是种族差异；身份认同都是种族认同；一个民族所取得的成就建立在其种族遗产的基础之上；思想家和学者的工作就是识别并追溯某个种族的发展轨迹。

19世纪成百上千的游记和地理学、人类学、文物研究类著作莫不如此。福南德该书的独特之处在于，他在书里竭力强调自己“有权为波利尼西亚人民代言”。然而不可思议的是，他所用的语言让人联想起21世纪关于身份认同以及知识与政治之关系的争论。他不惜笔墨地解释道：

当我首次萌生撰写一部波利尼西亚考古类作品的想法时，我雇了两个（有时是三个）聪慧且受过教育的夏威夷人，与我一同游历整个群岛。我们尽可能从年长的土著口中收集并转录所有的传说、颂歌、祷词……这些全都关涉原住民的古代历史、文化、习俗。这样的准备工作持续了近三年时间。[21]

他还补充说，自己在群岛间的多次旅行中为了调查，“从不放过任何一次与年长而富有智慧的土著交流的机会”。他承认自己受益于“夏威夷的作者和文物学者”，其中首推夏威夷国王卡拉卡瓦，还包括戴维·马洛和S. M.卡马考。后两位都与教会有关系，曾经翻译过《圣经》，也是当地学者中较早出版关于传统和信仰研究作品的佼佼者。1841年，两人曾联合创办后来夏威夷历史学会的前身，福南德后来将自己的论文等资料遗赠给了这个机构。换言之，福南德从原住民那里汲取了大量知识。他当时面临的形势与他个人的情况都与詹姆斯·库克截然不同，库克一直在不断航行，而非定居一地，而且对库克来说，图帕亚、玛希尼等人作为翻译，帮他做了不少重要的工作，这些工作不仅促进了跨文化交际，也成为当地知识和洞见的来源。福南德雇用的人同样也负责收集信息和翻译，但他们更像辅助现代学者的研究助理，其中也不乏比他们的雇主更专业、更优秀的学者。为了强调他能获得当地长老和本领域专家所掌握的知识，福南德在写作时引述了这些雇员的工作成果，不过就他的时代而言，他也十分开放和大度地承认了原住民提供的文物知识，而这些知识构成了当地日益增多的学者著作的重要组成部分。

在整个20世纪，有一些更普遍的问题始终没有定论。与此相关，发生过太多关于研究趋势的臆测和更严肃的调查，不过其中一个颇为有名的人是成就卓著、博学多才的毛利裔公共卫生官员、政客、民族学家蒂兰吉希罗阿（又名彼得·巴克）。蒂兰吉希罗阿是毛利人与盎格鲁–爱尔兰移民的后裔，约1877年出生于乌雷努伊，这是一处偏远的定居点，坐落在新西兰北岛西海岸、巨大的塔拉纳基火山脚下。他上过奥塔哥大学，这是一所传教士创办的、主要招收毛利人的学校，曾培养出这一时期的多位领导人。蒂兰吉希罗阿主修医学，后来当上公务员，并在1909年至1914年成为新西兰议会的一名毛利裔议员。第一次世界大战中，他服役参军，参加过加里波利战役，也随军到过其他地方。之后，他一边在政府卫生部门工作，一边从事自己感兴趣的民俗和传统文化研究，为此还受邀成了火奴鲁鲁毕夏普博物馆的一名研究人员。[22]耶鲁大学当时是这家博物馆的赞助单位之一，在这所大学的支持下，蒂兰吉希罗阿开始了一个雄心勃勃的计划，这在当时被称为面向整个波利尼西亚的民族学研究。从20世纪20年代末到整个30年代，尤其是自1932年起他担任毕夏普博物馆馆长期间，蒂兰吉希罗阿勤于实地考察，还在《萨摩亚物质文化》（*Samoan Material Culture*，1930）、《马尼希基和拉卡杭阿民族学》（*Ethnology of Manahiki and Rakahanga*，1932）、《汤加雷瓦民族学》（*Ethnology of Tongareva*，1932）、《曼加亚学会》（*Mangaian Society*，1934）等多种刊物上发表了大量博物馆通讯文章，为他关于毛利传统和文物的田野调查和早期研究奠定了基础。[23]

蒂兰吉希罗阿的报告往往长达数百页，这些报告以经验老到、细节丰富著称，还尤其关注文物的制造技术。他对布罗尼斯拉夫·马林诺夫斯基、雷蒙德·弗思等英国人类学家的研究不以为然，他认为这些学者的研究都转向了社会学和行为观察，而马林诺夫斯基对特罗布里恩群岛（位于新几内亚东海岸外）原住民性行为个案的研究更是臭名昭著。尽管从这门学科的发展历史来看，蒂兰吉希罗阿因此拒绝了他那个时代更先进的"功能语言学派"的思想，但他更感兴趣的其实是另一种颇有野心的综合理论。年近六旬的时候，在十多年密集的田野调查和专题学术写作的基础上，蒂兰吉希罗阿撰写了一部概述太平洋地区波利尼西亚移民的著作，题为《向着日出远航的维京人》（*Vikings of the Sunrise*）。

这本引人入胜的书首版于1938年，是一部包含学术评论与个人反思的作品。[24]与他对物质文化干巴巴的观察报告相反，蒂兰吉希罗阿在这本广受欢迎的书里透露了他本人对这一学科及其研究方法的感想，该部分所占篇幅之大，甚至可能超出21世纪读者的预期。他指出，自然人类学的研究受限于遗骨材料的匮乏。"学者只能依赖相对较少的头骨，这些头骨都是从墓地里秘密偷出来的，然后又辗转流落到了博物馆提供的现代陵墓里。"在求学生涯早期，蒂兰吉希罗阿与另一位毛利裔的朋友曾冒险进入奥塔哥大学医学院。他们当时吃惊地看到了一张告示，上面说有人愿意出钱收购毛利人的骷髅和遗骨。“我们惊恐地读了这张告示，差一点儿就此放弃学习西方医学。”蒂兰吉希罗阿写道。[25]

对这位原住民学者和领袖而言，走上这样一条路，即通过测量和检查收集活人的身体数据，也许是一种合理的妥协。毕夏普博物馆的科学考察活动曾系统地采用此类方法，结果得到了来自2500个个体的数据。在蒂兰吉希罗阿自己的田野调查过程中，他向当地人寻求帮助，并显然在大多数时候得到了后者的同意。而这些参与调查的当地人，在今天的批评家和研究体质人类学的历史学者看来却是可耻的。蒂兰吉希罗阿写道：“对奇怪技术的兴趣减弱了，那些还没有得到测量但好奇心已经满足了的人，都回家捕鱼去了。”在位于库克群岛最南端的曼加亚岛上，他在从事民族学调查的同时被临时任命为地方官，这意味着他“能够通过当地警方把居民动员起来，并在法院里观察他们”。在这种条件下，他的研究对象大概不再有回家捕鱼的机会了。[26]

在这些奇闻异事的铺垫下，蒂兰吉希罗阿提出了生物学和人类学领域一个更严肃甚至更绝对的主张。他断言，“太平洋的航海者”是欧罗巴人或高加索人，“因为他们没有黑人的鬈发、黑色的皮肤、纤细的小腿等特征，也不像蒙古人那样有着扁平的脸、矮小的身材以及下垂的内眼睑”。[27]尽管蒂兰吉希罗阿已经有了很高的社会地位，还取得了可观的专业成就，但他还是受到了当时出现在新西兰和美国的种族主义的影响。他在与杰出的毛利裔律师、政客、文化复兴倡导者阿皮拉纳·纳塔的私人通信里，曾十分明确地表示，要重建波利尼西亚人的历史并追溯其起源，就必须“将一切美拉尼西亚人残存的影响剔除出去”。[28]这样做的动机，就是尽可能全面彻底地将波利尼西亚群岛上的原住民与属于“低等种族”的民族划清界限，而通常肤色偏黑、头发偏卷的美拉尼西亚原住民就是明白无误的典型例子。《向着日出远航的维京人》一书正是以这些论点为中心的，书末所附的地图强调了这一点，在这些地图上，蒂兰吉希罗阿所倾向于认同的波利尼西亚原住民经由密克罗尼西亚群岛向大洋洲中央和东部迁徙的路线，与“被否认的南美拉尼西亚理论”并列到了一起。

蒂兰吉希罗阿这本书的主体内容，是用通俗的手法讲述太平洋上诸岛的航海与文化史，书中的许多高岛和环礁都曾留下他的足迹。除了叙事（对那些既喜欢阅读美国《国家地理》杂志，也对大众化的考古学和人类学刊物感兴趣的读者而言，这无疑是引人入胜的）之外，该书也毫不掩饰地宣扬了波利尼西亚的英雄主义精神。作者这种观点是建立在一种未经证实的、惊世骇俗的民族认同的基础上的，蒂兰吉希罗阿承认自己的论断有待进一步调查研究，但他坚持认为“目前完全可以下结论的是：一个身材高大、体格健硕，既没有鬈发也没有蒙古人那种眼睑的民族，有能力和勇气深入太平洋中部和东部，踏上此前从未有人涉足的海路”。[29]这本书起初由弗雷德里克·A.斯托克斯出版公司出版，这家纽约大众图书出版商后来很快就被并入J. B.科平科特出版公司。

20世纪50年代和60年代，该书多次重印，它曾被翻译成法语，也出版过新西兰语版。书中的序言明确表示，作者面向的不仅仅是美国乃至世界各地的读者，而且更希望他的书能让他“散居于波利尼西亚群岛上的父老乡亲”读到：“我们纵然面临新的问题，但亦继承了灿烂的遗产，我们身上流淌着征服太平洋的先祖的血液，他们曾经驾着石器时代的船，一直驶向日出的方向。”[30]

从这个意义上来说，蒂兰吉希罗阿的学术成就不仅仅是为一门西方主导的全球科学做出了贡献：他的著作是一个太平洋岛民为其他岛民而写的，用他自己的话来说，是为“咱们”写的。但这位民族学家绝不是太平洋版的列奥波尔德·塞达·桑戈尔[31]（蒂兰吉希罗阿属于更早的一辈，也绝非社会主义者），尽管他在弘扬当地传统、知识和成就方面是个颇有影响力的公众人物。说得复杂一点，他的人类学研究是一种原住民知识的综合，既反映了他自己的成长经历以及他对本地经验与习俗背后价值的感同身受，也遵循了欧洲的学科范式和研究方法，无论“好的”还是“坏的”。就积极的一面而言，细致的实证研究、实地调查、系统的文献记录等传统所得出的描述性研究成果，其重要意义是经得起时间考验的，对学者和学生而言是这样，对太平洋上的居民亦然——这些都是对传统知识和文化遗产的保存。然而，蒂兰吉希罗阿也不加批判地接受了种族主义的身份认同和优劣等级等观念。《向着日出远航的维京人》描绘了一幅引人入胜的波利尼西亚史前史的画卷，是对该段历史通俗化的演绎，是在“二战”后的碳14

测年法等科学创新出现之前，对这一课题的研究综述。但与此同时，这种综述也反映了人类学理论与对“低等种族”的贬抑之间紧密而又丑陋的关联。

另一位新西兰人类学家雷蒙德·弗思比蒂兰吉希罗阿年轻一辈，他主张在人类学研究中采取一种为后者所不屑的社会学研究方法。弗思移居英国之后，在布罗尼斯拉夫·马林诺夫斯基的指导下，又撰写了一些关于蒂科皮亚岛（所罗门群岛的一座小火山岛）原住民的著作，这些作品以精确和充满洞见著称。在1936年出版的《我们是蒂科皮亚人》（*We, the Tikopia*）以及随后出版的涉及亲属关系、仪式、宗教、经济、神话等相关主题的著作中，弗思满怀同情地描述了当地文化与个别岛民。这些岛民以地位最高的酋长阿利基·卡菲卡为代表，个个学识渊博，都是他们自己文化语境中的知识分子。自20世纪30年代起，人类学家越来越关注太平洋原住民在当代的生活状况，以及岛民在与以殖民主义、金元外交、基督教等为特征的新世界打交道时所产生的问题。与此同时，在蒂兰吉希罗阿等人的著作中，岛上原住民悠久的历史混淆在一种晦暗的话语中，貌似科学的王国却建立在等级观念和意识形态信念（福南德可疑的遗产）的基础之上，如此还原出的起源神话，从一开始就是带有倾向性、想象成分居多的。但从20世纪40年代起，新的考古方法将逐步揭开大洋洲历史的面纱。待时机成熟而能够重建出来的，将比过往任何异想天开炮制出来的故事都要精彩得多。

2

Maatäah
Oo-ahe
Motuhea
Oura
Teoh
uaiouda
Oamna
Tupia tata re pahei matte
Mau-
-rua
Tupi
Bola-bola
Oopati
oopooa
Otahah
Ulietea
Tuboona no Tupea pahei tayo
Eavatea
Huaheine
Otaheite
Imao
Tapooa-mannu
Meduah no te tuboona no Tupi
Opooroo
Oheteroa

* * * * * *

初次过海

从巽他到萨胡尔

尽管环境保护数十年来一直被视为人类的一项重要责任，但21世纪以来，气候变化、环境污染和生物多样性等问题却比以往任何时候都要严重。在世界各地，我们已经意识到城市和农业的发展正在对水体、土地和大气产生深远影响，各类物种灭绝的速度都在加快：在地球这颗行星的历史上，人类活动第一次成为影响环境的主导因素——这也正是“人类世”这一名词的由来，这个概念被越来越多地用来指称我们生活的时代。

以这样的视角回望，几乎难以想象我们今天所知的东南亚和澳大利亚的岛屿在5万年前的样子，甚至连当时地图的轮廓都很模糊。更新世是地球有史以来最后一个大冰期，大约开始于260万年前，结束于1.17万年前。南极冰盖的周期性进退，致使海平面比今天低130米之多。世界各地的许多岛屿，如不列颠诸岛，在很长一段时期里都是与邻近的大陆相连的。（英吉利海峡相对较浅，平均深度刚刚超过60米。）爪哇岛和苏门答腊岛，连同加里曼丹岛和今天细长的马来半岛，都是亚洲大陆向东南方向延伸出的广大区域的一部分，这些岛屿和半岛环绕中国南海这一巨型的海湾，形成了一个宽阔而巨大的弯钩。澳大利亚通过它的北领地和昆士兰州北部延伸出去的陆桥，与新几内亚相连：托雷斯海峡尽管比英吉利海峡宽近四倍，却比后者浅得多，大多数地方深度不超过15米。

然而，也有一些深海海峡将生物地理学家所称的巽他古陆（旧东南亚大陆）与萨胡尔大陆（大澳大利亚）隔开。[1] 就在巴厘岛（构成亚洲延伸最远的东南角）以东、龙目岛（在小巽他群岛）

以西一点的地方，华莱士线从北至南分开了婆罗洲与菲律宾群岛，这条线之划分等于承认东南亚的动物区系与新几内亚和澳大利亚的动物区系之间存在根本差异，同时反映了两大地区很久以前就彼此分离的历史。[2] 巽他古陆与萨胡尔大陆之间就是华莱士区，其中拥有大约1.7万座岛屿，包括苏拉威西岛（荷属东印度著名的西里伯斯岛），以及长期以来一直被称为美洛居的马鲁古群岛。在长达4000万年的时间里，萨胡尔大陆的生物一直是独立演化的，独特的有袋类哺乳动物随之出现，以至于当欧洲人第一次见到它们时大吃一惊。倘若这些欧洲探险家见过更早些时候统治澳大利亚

丽纹双门齿兽，复原图。

大陆的那些巨型有袋类动物的话，他们想必会更为惊讶。在大袋鼠、袋熊以及长相类似狮子和犀牛的所有这些有袋类动物中，丽纹双门齿兽是其中的明星。它们体重近3000千克，高约1.8米，既是食草动物，也是有史以来最大的有袋类动物。[3]

萨胡尔大陆的环境很难一概而论，这里包含热带雨林、热带季雨林、热带落叶林、热带草原林地与山地森林、亚高山和高山地区（包括海拔接近五千米的新几内亚最高峰）、低地、河口以及沿海地区的沼泽和红树林带。在五万年前，所有这些环境的共同点就在于人类对它们的影响还很有限。

人类从巽他古陆向萨胡尔大陆的迁徙是有确切记录的，但这主要揭示的是“何时”，而不是“如何”，更遑论“为何”，即便是“何时”与“何地”的最基本方面，也还处在不断的争议和修正当中。这些移民“是谁”这一问题同样复杂。过去的主流观点认为，最早从事海上航行的人都是智人，即“解剖学意义上的现代人”，而且在全球范围内莫不如此。据推测，水上迁徙有社会协调的需要，因此与沟通、符号表达和借以识别现代人类的其他方面相关，但这些都普遍被认为并不是更早期人类物种的特征。[4] 现在这个问题正被重新研究，因为人们在过去十五年里有了新的发现，还找到了前智人人种用符号进行表达的证据。2004年，在印度尼西亚东部的弗洛勒斯岛上，一个新人种的遗骸被发现，引起了轰动。弗洛勒斯人因身材矮小，被戏称为霍比特人。所发现的

下页图

托雷斯海峡中的梅尔岛（穆雷岛）。

部分遗骸属于一名身高仅一米的女性，尽管在六万多年前她死的时候，年纪已经有三十岁左右。[5]

2019年，根据在菲律宾吕宋岛北部的卡劳洞穴深层沉积物中发现的骨骼，考古学家宣称这是一个新人种，并将其命名为吕宋人。这一人种在七万至五万年前，与现代智人共同生存在本地区。[6]这些发现之所以引人注目，一方面是因为有了这些发现，我们对人类演化才能有更多元、更深层次的理解，而不再只是将其

一条土杜岛独木舟，托雷斯海峡。

视为一种稳步向着我们目前状态逐渐进化的过程；另一方面则是因为弗洛勒斯岛和吕宋岛一直都与巽他古陆隔海相望。所谓的霍比特人只有漂洋过海，才能登上这座岛屿。尽管巴厘岛海岸线与龙目岛、松巴哇岛和科莫多岛等中间岛屿之间相距不远，近不过二十公里，远不过五十公里，但（至少）一对有生育能力的夫妇似乎不大可能游过——即使是试图游过——这么长的距离。然而，也有一系列证据支持这种可能性：在一次海啸过后，或许有人抓住树木的断枝残片，意外地从海峡一边被海浪带到了另一边。[7]

巽他古陆与古代大菲律宾群岛之间的海峡宽度也跟上述差不多，渡海终归是必须的。最新的建模得出的结论是："偶然渡海来到萨胡尔大陆的可能性很低，除非有大量成年人以异常高的频率从某座岛上被海浪冲走。"[8]由此可见，尽管围绕这一问题的争议一定还将继续，但渡海是有目的、有计划的，人们曾经尝试过，并且最终成功了。

尽管吕宋人的故事引人注目，而且随着考古研究的进展，这一故事可能还会增添更多出人意料的细节，但弗洛勒斯人和吕宋人都不具备智人那样迁徙和扩张的倾向：迄今为止可以确定的是，这两个人种的冒险都未能离开他们的遗址被发现的地区太远。将会产生更大且更深远影响的是智人。智人大约在十二万年前走出非洲，至少在九万年前出现在中东，七万年前出现在东南亚。在迁徙过程中，他们不断适应变化的环境，有时这些早期智人还会遭遇此前走出非洲的更古老的非智人族群，并与之交配繁衍。最早迁徙进入澳大拉西亚地区的人类在生物学和文化上都带有混血特征，他们与欧亚人类种群就此分道扬镳，在巽他古陆发展出了区别于欧亚人的特征。[9]

20世纪40年代碳14测年法的发现，在考古学研究中掀起了革命。从60年代前后开始，澳大利亚土著遗址的年代陆续公布，但在十年间取得的一系列发现表明，人类在澳大利亚的历史比原先猜测的要久远得多。1969年，在新南威尔士州西部蒙哥湖边缘的沙丘中发现了一具被火化的女性遗骸；五年后，在附近的沉积物中又发现了一具男性骨架。这名妇女的遗骸被测定为距今有24000年至19000年之久；她的尸体曾被焚烧的证据，以及相当远的地方出现的赭石，意味着这里曾有葬礼举行。比较而言，另一具男性的遗体则要古老得多，距今大约有42000年。这些发现在当时十分令人振奋，它们不仅具有重大的科学意义，还让人浮想联翩：长期以来，澳大利亚一直被认为是一片辽阔的不毛之地，而现在的证据却表明，这其实是一个有着悠久人类定居史的大陆，人类的仪式性活动在这里已经上演了成千上万年。不过这里的古文明是一种游牧文明；其悠久的历史与世界其他地方的历史截然不同。

对人类必然途经的一些地区，如华莱士区诸岛，仍有待进行详尽的考察。不过在更广泛的区域内，考古研究已经取得显著的进展，在今天已相互分离的新几内亚岛、澳大利亚大陆以及俾斯麦群岛（从巴布亚东北延伸出去）上，[10]大批早期遗址的年代已确定无疑。澳大利亚北部年代最早的遗址说明，人类可能在6万年前甚至更早就已经在此定居了，只是对这些年代的精确性一直存在广泛的争论。可追溯到距今5万年至4.5万年前的考古遗址更为密集；倘若人类的确是在此前1万年或者更早的时候抵达这里的，他们那时候很可能人数还很少。[11]

休恩半岛宛如一只巨兽的鼻子，从新几内亚北部海岸向东，伸向所罗门群岛所在的海域，一系列隆起的阶地是这座半岛独有的特征。这些阶地是在过去14万年里，随着板块运动时地壳上升

下页图

位于鸟头半岛西北端海岬外的四王群岛。

形成的，今天其中许多地方已经高出海岸线200米，然而在过去的某些时候，它们的海拔却是与海平面持平的。20世纪80年代，考古学家在当地发现了许多经过加工的大型石制刀片，它们的历史超过4万年，当时可能是在觅食时用来清除植物的。[12]在新几内亚大陆其他地方发现的开阔地带、沼泽和山岩掩蔽所的遗址，年代可以追溯到距今4.7万年至3万年前。在俾斯麦群岛中的新不列颠岛上，部分遗址的年代为4.2万年至3.8万年前。新爱尔兰岛（构成一个巨大岛弧的北部）上发现过更早的遗址：由于早期人类可能是经由新不列颠岛抵达新爱尔兰岛的，所以这些更早的遗址应该反映了整个群岛上古老的移民史。总之有确切证据表明，智人不但在5万年到4.5万年前渡海进入了萨胡尔大陆，随后还散居于包括今新几内亚和澳大利亚在内的广袤而多元的陆地上，甚至还尝试向更远的地方探险，抵达俾斯麦群岛周边地区。

“如何”的问题则是个不解之谜，其中有两个难题。首先，第一批航海者走的是哪条路线？巽他古陆与萨胡尔大陆之间最明显的路线，想必也是让智人与弗洛勒斯人得以邂逅的那条：一条岛链恰好自西向东，从巴厘岛延伸到帝汶岛，其间各岛之间的距离都不太远。而在5万年前，从帝汶岛渡海抵达澳大利亚北部海岸的距离，要比今日两地之间的距离近得多。但是因为缺乏更具体的考古证据（例如，在一个岛群上，存在一种其他地方没有的早期人类遗址的模式），所以不能排除其他的路线，如穿越苏拉威西岛和塞兰岛、向着极乐鸟半岛（新几内亚西北的大半岛）而来的更北的路线，或者其他大同小异的路线。[13]

其次，什么样的船让渡海成为可能？由于世界上任何地方都没有年代如此久远的船的遗存，这个问题的答案只能完全靠臆测。值得注意的是，在预计的初次渡海发生时，同样找不到任何深海捕鱼的证据。在海边生活的人，主要依靠贝类和其他能从海边轻易采集到的生物过活。换言之，人类当时制造或使用的渔船，并没有可能经改造或扩大后，就变得适宜远航。当时所用的渡海工具很可能是筏子或简单的独木舟，它们的制作材料并不难找，制作起来也无需耗时费力。可以利用类似竹子的植物（主要是一种巨型芦苇）制成竹筏，这样的植物在某些地方——通常是水边——很常见。竹子的一大优点是天生有浮力，竹节之间的空心是天然的“密封舱”。如龙竹这样的物种在当地很常见，它们生长迅速，高度可长到30米以上。个别竹竿直径可达35厘米，这意味着用相对较少的竹竿，或混合使用很粗的竹竿和较细的竹枝，再用藤蔓等绑定，就能制成长但相对狭窄的筏子，这种筏子可以实施基本的转向操控。即使是做得比较方正的筏子也可以划桨行驶，或许还能在少数情况下进行转向；借助以上两种航具中的任何一种，在风向和海浪有利的情况下，人们都有可能渡过开阔海面，抵达另一片陆地。[14]

由于缺乏确凿证据，不能排除使用其他类型船的可能，如用树皮制成的船，甚至是掏空树干制成的独木舟。[15] 然而，我们很难

下页图

四王群岛中的Wayag海域。

想象没有制造独木舟传统的民族是怎样造出这种船的，他们如何将片片树皮有效地缝接起来，做成不会漏水的船，除了能在风平浪静的日子里在开阔海面上承受住至少正常的摇晃，还要大到足以承载两三个人。假定有一群人立志要渡海移居到其他地方，这个群体内应有不止一对夫妻。人口学模型表明，要想维持一个种群的繁衍，至少需要成百上千人，而这个数字可能是在数十或数百年内达成的。[16]我们或许可以断定，这些船不仅要用来载人，还要载运乘客们的器物和细软，如捕猎工具、篮子、袋子、衣物以及个人饰品……一旦这些移民抵达新大陆，就很可能幸存下来，繁衍生息，并相对迅速地扩张开来——在这些移民里，不可避免地会包括因火山爆发或类似灾难而意外漂洋过海的难民。由此可见，漂洋过海的移民所做的是一种有意为之的冒险，而且这种冒险曾持续过一段时间。

但在这段早期的航海历史上，华莱士区的定居者中并没有出现远洋航海者。来自动物分布和遗传学的证据并不支持往返航行的存在，也不指向一系列由前后相继的群体进行的长期迁徙。萨胡尔大陆人口的相对同质性反而表明，智人是在某个单一时期或若干紧密相连的时期内，扩散并定居到了这片广袤而多元的地区，而这些不同时期的移民还可能有亲缘关系。

此后不久（尽管很难具体说明这里的“不久”到底有多久），人类经过长途迁徙，占据了新几内亚的最北端、最东端，以及澳大利亚东南部。从帝汶岛南部一处假定的登陆点，到凯乐尔（离墨尔本机场不远）的考古遗址，距离超过3000公里，比巴黎到伊斯坦布尔的距离还要远。当时，澳大利亚大陆上的人类开始与新几内亚的人类分隔开来，而且生物考古学研究表明，后来他们之间再也没有发生互动 。因此，这段历史是一段移民史，人口的迁徙催生了一种新的生活方式，而新的生活方式必将适应新的环境——尽管某些地方的环境与初次来到萨胡尔大陆的人所熟悉的海岸或小岛的环境完全不同。然而，新的生活方式很快就本土化了：从表面上来看，它既不是一种持久的或覆盖整个区域的社会网络的组成部分，也没有通过交流或其他任何形式的通婚，与这些移民祖先所来的远方继续保持联系。从某个角度来说这并不意外：虽然考古记录不算丰富，但也说明了当地存在一种相对简单的狩猎与采集模式。但在事实上，迁徙至新几内亚和澳大利亚多元而充满挑战性的环境中的人，不仅掌握了本地特有的技术，还形成了新的生活方式。前文所述休恩半岛上阶地的沉积物里发现的大型石刃被解读为伐木除草的工具，当地人可能曾用这些工具开辟出可供西米、香蕉和山药藤等可食用植物生长的区域。尽管这些人并不是严格意义上的园艺师，但他们似乎通过干预环境，促使可食用植物茁壮繁衍并广泛传播，而不是放任它们自生自灭。假如说这些举动果真是为了作物栽培而进行的实验的话，那么其发生的时间就非常早，远早于传统所认定的农业起源时间。

相对于后来移居至此的民族，巴布亚人和澳大利亚原住民的祖先似乎没有那么专业化的分工，他们也一定看上去缺乏活力。

虽然鉴于早期阶段的考古记录相对稀少，很难对当时的历史做任何精细的还原，但在事实上，有足够多的证据表现了这些人的创造力、创新能力和适应能力。近年来在苏拉威西岛南部的佷布鲁斯蓬洞穴遗址中，发现了可能是世界各地的洞穴艺术中最早的叙事性岩画。一面4.5米宽的岩壁上有一幅画，画中一种半兽人（人身兽首，头部模糊，难以识别）正在捕猎野猪和一种类似野牛的动物。尽管除了猜测，我们无法从中鉴别出任何具体的信仰或萨满教一类的精神仪式，但人们一般认为，后来类似的岩画所表现的都不仅仅是狩猎场景，而是某种降神施法或精神仪式的一部分，这些仪式旨在提高捕猎的成功率，参与捕猎的人或许还会在这些岩画前参加跳舞、念咒之类的活动。佷布鲁斯蓬洞穴的岩画至少可以追溯到43900年前，如今我们可以从中一瞥当时当地人的信仰，并据此推想狩猎在其生计与文化中的重要性。[17]

不过在这一早期阶段，华莱士—巴布亚地区至少有一部分智人群体并不主要生活在陆地上。他们更喜欢住在沿海地带，其中最早的觅食者无疑曾采集并食用贝类、螃蟹和其他在珊瑚礁和浅水区可轻易获得的生物。然而到大约12000年前，我们在世界各地仍难以找到当时人类已经学会捕鱼的证据。毫无疑问，这部分是因为随着更新世以来海平面上升，原来的沿海地区不是受到侵蚀就是被淹没了。而鱼叉、渔网和鱼线等捕鱼工具易于腐烂，也是原因之一。在靠近古代海岸线并被保存下来（在某些案例中是由于地质运动的抬升）的部分早期萨胡尔遗址中，曾发现贝类、鲨鱼和其他鱼类的遗骸。不过这些并不能说明一个航海民族的存在，因为这里发现的鱼类是近岸栖息的物种，而较小的鲨鱼也与珊瑚礁有关，甚至连最基本的垂钓技术都不具备的人也能用鱼叉捕获它们。但在所罗门群岛最北端布卡岛上的基卢悬岩上较低的地层中，发现了大量鱼类的遗骸，其中包括金枪鱼等深海鱼种（科学文献中称为“远洋”鱼类），这些鱼类就只能经由出海捕捞得到。

位于帝汶岛最东端隆起阶地上的杰里马莱洞的发现尤其重要，其中发掘出了大量的鱼骨，这些鱼骨属于(在该遗址最早的几个地层中)很多金枪鱼和其他多种深海鱼类。这些遗址的年代可以追溯到42000年至38000年前。[18]这些发现表明，首先，当地人熟练掌握了近海捕鱼技术，能使用坚韧的鱼线和鱼钩，并且知道用什么东西来做钓饵；其次，他们长期以来习惯建造适用于近海捕鱼的船，可能是掏空木材制成的独木舟，不一定很大（钓鱼一两个人就够了），但考虑到要应付较大的金枪鱼或其他类似的鱼类，这种独木舟必定平衡性很好，适于航海；最后，更丰富的社会生活和生活方式，为当地人掌握捕鱼技术创造了条件。这些人并不擅长农耕与种植，所以他们应当是以渔猎和采集为主要生活方式的民族。使用稳定的独木舟而不是相对粗糙权宜的筏子，可能意味着这些人的生活模式是半定居式的，而不是渔猎–采集者中常见的游牧式的。花费如此多的精力和时间来造船，想必不会把辛苦造出来的船当摆设，这意味着帝汶岛上的先民一定是周游四海的民族，早出晚归总是驾着他们的独木舟。

如果不是适应了水上生活，掌握了制造适宜航海的船的能力，很难想象巴布亚人能够移民到俾斯麦群岛和所罗门群岛上。事实上，他们的船远胜于一两个人捕鱼用的独木舟（从历史上看，捕鱼在大洋洲各地都是男性的工作，而不是由女性或男女合作完成的劳动）。从大陆渡海来到新不列颠岛的过程中，双向可视是可以维持的，即后方和前方的陆地始终都能看得见。从新爱尔兰岛航海到布卡岛（32000年前已经实现）的距离是140公里至175公里，根据航线的不同，船在出海40公里至55公里后，才能看见目的地。但俾斯麦群岛最西北端的马努斯岛上的移民，则为我们展示了一种难度全然属于另一个等级的挑战。25000年前的岛民成功实施的渡海，最短距离也在230公里上下。航程中约有三分之一的航段，前后都看不见陆地。所以这是一种投机式的冒险，航海者的目的是找到可能存在但也可能不存在的岛屿，而他们想必对自己探索和（在发现前方除了一片汪洋一无所有的情况下）返航的能力非常自信。到这一时期为止的历史上，尚找不到可以与此相提并论的或距离更远的海上航行的考古证据。新几内亚以北和以东的海域似乎成了人类的试验场，而这种试验是非同寻常、前无古人的。[19]

当然，这些发现也就带出了“为何”的问题：古人为什么希望（或者必须）开拓新的土地？最显而易见的答案是拥挤或人口压力，但这明显是错误的：当时人口密度很低。那么人们是受到

上页图

狩猎场景放大之后的画面，苏拉威西岛佷布鲁斯蓬洞。

冒险精神的驱使吗？正如东南亚和太平洋考古领域的著名专家马修·斯普里格斯所言：“诸如此类的‘终极原因’问题总是让我很烦，因为人们常常脱口而出的那些答案，流露出来的往往是自我的写照，或者对我们这个时代的关切，而与历史真相没什么瓜葛。”例如，“旅行癖”理论就荒谬地认为，更新世的人类迫切渴望逃离远古之时“写字楼里的乏味差事”。[20]

可以说，这个漫长的过程体现了人类的主动性。在马努斯岛被人类占据的过程中，值得一提的是从其他地方引入了可食用的野生动物（包括一种名为负鼠的袋貂和一种袋狸），以及有用的植物（如橄榄树，产出的果实可食用），尽管这样的移畜移栽可能是直到近10000年前才发生的。[21]

在新几内亚高原曾发现早期人类发展出新型生活方式的显著证据。自20世纪60年代起在瓦吉谷地实施的调查研究显示，早在9000年前，沼泽地里就出现了一系列排水沟及与此相关的设施。这似乎反映了当时园艺活动的一些基本形式，这些遗址为大量灰色黏土覆盖，后者与大面积开垦有关。即便在早期地层中也发现了种植香蕉、山药和芋头的证据，说明这些作物在太平洋人类社群的生活当中一直扮演着重要角色。花粉样本表明当地集水区森林的消失是相对突然的，这很可能与人类（以耕种为目的）的开垦活动有关。巴布亚地区及邻近群岛各地早期园艺活动的性质仍有待充分探究，但多种形式的树木种植和根茎类作物的栽培在整个地区都很常见，这一点毫无疑问，即便有关人群并不一定构成完全定居下来的农业社群。[22]

随后的数千年里，新几内亚岛和邻近岛屿上的巴布亚文化将发生转型。变革由这些岛屿中社群的内部活力引发，也由其与新移民的文化交流（在美拉尼西亚岛群上）促成。考古发现让我们有机会一窥数千年来萨胡尔大陆人类历史的方方面面，我们现在知道该地区在那些年代已经为人类所占据。但人类存在的迹象以及揭示其生活方式和信仰的证据，好比深夜繁茂密林中的烛火。尽管我们能幸运地窥见一些场景和片段，但对围绕在其周围的社会状况和其中的人文故事却知之甚少。纵然热带雨林容易让人产生亘古原始的联想，但我们业已知道巴布亚人祖先的生活绝非静止或一成不变。相反，他们不但以适应性极强和发明了水上新的生活方式著称，而且人类最早的航海试验（令人望而生畏的远洋探索事业）似乎也是从这里开始的。

3

Maatāah
Motuhea
Oo-ahe
Oura
Teohe
uua ouda
Oannu
Tupia tata re pahei matte
Mau-rua
Tupi
Bola-bola
Oopati
oopooa
Otahah
Ulietea
Tuboona no Tupea pahei tayo
Eavatea
Huaheine
Otaheite
Imao
Tapooa-mannu
Meduah no te tuboona no Tupia
pooroo

* * * * * *

寻找连线

拉皮塔与远方

1997年7月，我有幸在排湾原住民家中逗留了几天：排湾人是生活于中国台湾中南部高地上的一个原住民族群。我来到这里纯粹出于学术原因，我是去参加台北一个研究中心召开的学术会议的，但也有几个人类学专业的学生，想邀请我去考察他们所驻的村落——他们当时正在台湾岛上的内陆山区做野外调查。这趟旅程令人兴奋，不过时间安排之仓促近于荒谬，让人有些晕头转向：我从台北搭上一架拥挤的航班，夜里才迟迟抵达灯光昏暗却异常繁忙的当地机场。之后，我们在黑暗中长途驱车（我全程都对路线和方向很蒙），终于进入一个村落。我注意到路边有一座大教堂，还有铁皮屋顶的屋子，花园错落其间。迎接我们的是一位年长的女萨满，她自家客厅中央放着一个显然不怎么牢固的笼子，里面养着一条被视作圣物的毒蛇。我们边喝啤酒，边观看她关于本地原住民仪式的录像带，直至深夜；她不但是当地头号巫医，还算得上自学成才的人类学家。翌日一早，在一尊令人敬畏的怀抱双头蛇的木头神像前，我们参加当地的祭祖活动，喝了祭祀用的小米酒，算是举行过了一种庆祝丰收的仪式。当天傍晚，我就又回到了当地那个喧闹的机场。

让人匪夷所思的是，这位萨满和我在村子里遇到的其他人手腕和手臂上的文身，与我曾在许多波利尼西亚人身上见到的文身惊人地相似。这种文身我没几个月前在萨摩亚独立国举办的太平洋艺术节上见过，在塔希提岛、马克萨斯群岛、夏威夷群岛等地做实地考察的时候也见过。然而，塔希提岛远在将近11000公里之外。从内陆山区一回到台北，我立即就去参观了一家专门展示台湾岛上原住民文化的小型博物馆（这座博物馆的街对面就是中国台北故宫博物院，那是一座卢浮宫式的宏伟建筑，专门用于展示中国传统艺术）[1]。这里有独木舟、建筑模型、人物雕塑以及其他艺术品和文物，我再一次发现，上面的图案与太平洋诸岛上那些船、房屋、仪式用品上的图案十分相像。

当我还是一名太平洋考古专业的学生时，我曾被告知，大洋洲文化可以追溯到中国台湾这座历史上曾被西方人称为“美丽之岛”的岛屿。但这种联系由来已久，我没想到会在活着的人身上，或在新近制作的艺术品上见到这样的范例。我为千万年来历次迁徙之后远隔重洋的民族间文化上的亲缘关系而兴奋，不过在兴奋过后，又为这迢迢的距离感到一丝不安。试图建立这样的关联，让我觉得自己是在重蹈19世纪语言学家的覆辙，热情而武断地进行比较，我担心自己可能冒失地落入福南德式的窠臼中，炮制出《米德尔马契》里卡苏朋那种凭空臆断的太平洋翻版。

所幸我的担心是多余的。在随后的二十年里，排湾人和中国台湾岛上其他原住民一样，越来越有兴趣展示他们的文化与大洋洲文化之间的关联。在关岛，即本书一开头提到的2016年举行的太平洋艺术节上，中国台湾派出了一支庞大的代表团，他们与来自美拉尼西亚、所罗门群岛、复活节岛乃至其间所有地方的成百上千的岛民打成一片，难分彼此。在舞蹈、音乐表演以及飨宴之中，排湾人与其他岛民看到了彼此的文身，他们相互比较，共庆互贺，似乎古老的亲缘在当代重又找回了联系。

詹姆斯·库克船长和约瑟夫·班克斯隐约猜到了这种联系背后的故事。在比较了波利尼西亚语、东南亚诸岛语言和马达加斯加语的单词表之后，他们推断，太平洋上原住民的祖先应来自亚洲。20世纪中叶以来，这一基本推论（起初只是一种直觉，但却揭示了最有可能的迁徙方向）在考古学、语言学、遗传学等领域几代学者的研究成果的基础上得到了证实、扩充和完善。其成果为人类历史描绘了丰富多彩、非同凡响的篇章，但也留下了很多悬而未决的问题。

1952年，从民族学家转型的考古学家爱德华·吉福德带队远赴新喀里多尼亚群岛，进行了一次为期六个月的考察，这是他若干年前在斐济所做研究的延伸，目的是通过调查西南太平洋较大岛屿上的遗址，解答波利尼西亚人的起源问题。与他一道的是一位比他年轻的考古学家理查德·舒特勒，两人各自的妻子也都在同行之列。他们考察了许多地方，包括富埃半岛，这个半岛位于格朗特尔岛（独立于洛亚蒂群岛的主要岛群和其他较小的岛屿）的西海岸上。他们追踪的线索是20世纪初在这里发现陶器的报告，并只用了五天时间，就从一处海岸遗址挖掘出了大量保存完好的陶器。这些陶器不久后就因其上独特的锯齿状标记而出名，这些标记是用某些坚硬而锋利的工具（如贝壳或竹子制成的细齿梳子）在陶土上刻画出来的。这些陶器与吉福德此前在斐济群岛发现的，以及其他人数十年前在汤加群岛发现的陶器十分相像。与其前辈不同的是，吉福德和舒特勒能够利用当时还属于新兴技术的碳14测年法，通过埋藏这些陶器的地层判定陶器的年代。测年结果表明，这些陶器大约有2500年的历史。经过数十年几乎毫无意义的臆测之后，人类终于能够用在理论上更精确、更接近历史真相的方式，考察这些群岛上的人类定居点。对大洋洲的学术研究可以像地中海一样开展，这些研究可能在未来揭示当地人口的由来，他们的社会和经济体制、他们的迁徙和交流，以及当地影响深远的文化模式。[2]

杰克·戈尔森后来领导了对巴布亚新几内亚高地的库克遗址的科学考察，20世纪50年代中期，他从剑桥大学来到奥克兰大学，就是为了启动一个南太平洋的考古项目。他紧随吉福德和舒特勒的脚步，发掘了与格朗特尔岛南端隔海相望的派恩斯岛上的部分遗址。他证实了吉福德和舒特勒对一种陶器传统的鉴定，后来这种传统根据确定年代的遗址的名称，被命名为“拉皮塔”。尽管这些发现和后来的发现都很重要，但具有决定性意义的是戈尔森富有想象力的论点，他认为从美拉尼西亚范围内的大岛格朗特尔岛，一直到斐济群岛和西波利尼西亚大片地区发现的陶器，证实了存在一种他所谓的“文化共同体”，一种共通的传统。[3]

从某种角度来看，寻找器物在风格上的相似性，并由这种相似性推导出一个区域内不同族群之间更广泛的联系，这样的研究

下页图

从特欧玛考古遗址出土的拉皮塔陶罐，

正在瓦努阿图国家博物馆展出。

方法似乎平淡无奇。但认为一个有亲缘关系的民族“共同体”占据了这些岛屿的观点，与美拉尼西亚人和波利尼西亚人迥然不同的观点背道而驰，而后者自杜蒙·杜维尔一百多年前描绘太平洋人口分布概况以来，一直是西方学者对大洋洲的主流看法。德乌维尔秉持的美拉尼西亚—波利尼西亚两分的理论，建立在外表差异的基础上，尤其是肤色的差异：这种区分有着明显的等级高下之别，事实上是种族主义的表现。这种区分后来还成了蒂兰吉希罗阿理论的基石，他不惜以牺牲美拉尼西亚人为代价，来讴歌他的波利尼西亚族“向着日出远航的维京人”：他不但在地理上将美拉尼西亚忽略，还通过描写美拉尼西亚人向着文明奋起直追，来暗示他们的落后。戈尔森提出美拉尼西亚人和波利尼西亚人是有

向着特欧玛考古遗址眺望，北瓦努阿图埃法特岛。

着共同祖先、后来离散的共同体，无异于对过去根深蒂固的等级划分和成见的彻底颠覆。

随着考古工作进一步向西和向北开展，在俾斯麦群岛最西北端的马努斯岛、巴布亚海岬周围，一路跨越所罗门群岛、新喀里多尼亚群岛和瓦努阿图群岛，远至斐济、汤加和萨摩亚群岛，都发现了拉皮塔陶器。拉皮塔陶器在俾斯麦群岛的出现似乎很偶然：最近，这些陶器的年代已经被细化到约公元前1410年至前1290年。尽管有人指出拉皮塔文化的某些方面是在遗址当地形成的，但与那些或可称为“拉皮塔人”相关的遗址的出现，基本上却都跟从东南亚诸岛向该地的迁徙有关，而迁徙的终极起点是中国台湾，有证据表明，至少在5000年前，那里就出现了类似的陶器。这种制陶的传统向南和东南传入菲律宾群岛、苏拉威西岛和哈马黑拉

岛。此前50000年至45000年已经有人定居的华莱士区，从此成了通衢之地：新来者不仅因使用陶器而与众不同，而且他们使用的其他器物，如磨边石斧、贝壳鱼钩、装饰品等，也都特色鲜明。[4]

需要注意的是，物质文化的集结（无论如何它们在考古记录中的呈现都是有选择性的）不能等同于语言或社会的集群。它们和人类身体上的异同并不总能一一对应。器物的传播并不总与语言的流传或人口的迁徙并行。过去不同族群之间的互动模式无疑是非常复杂的，它涉及多重的连续性、入侵、冲突以及交流。

尽管如此，大约3500年前拉皮塔陶器的制作者向美拉尼西亚诸岛的迁徙过程，还是与语言传播的过程存在普遍的联系。比较语言学清楚地表明，美拉尼西亚诸岛和波利尼西亚诸岛的语言同属马来—波利尼西亚语系，最终它们又都属于南岛语系。而无论过去还是现在，广阔的新几内亚岛——现在划分为巴布亚新几内亚独立国和属于印度尼西亚领土的巴布亚与西巴布亚两省——上都主要住着说巴布亚语的人。澳大利亚原住民的语言属于非南岛语系。其中明显存在模糊的边界：某些定居在沿海的新几内亚人，如梅柯澳人，讲的是南岛语系的语言；而在新不列颠岛上，说非南岛语系语言的族群却包括生活在内陆、以狩猎和采集为生的拜宁人。这并不让人意外，毕竟太平洋上不同岛屿岛民之间的文化交流已历经成千上万年之久，而且远在更新世，俾斯麦群岛以及更远的所罗门群岛就已经有人类定居了。

重建历史学和语言学的技术将南岛语系的“故乡”定位在台

湾岛，也可能是近在咫尺的大陆。就这样，语言证据和考古证据取得了一致。南岛语族的先民很可能在5500年前来到菲律宾群岛；之后，南岛语系这一大语系开始分化为多个语族，这些语族就是西至马达加斯加、东到复活节岛等广大地区历史和现代语言的源头。语言学研究不仅让学者们得以确定大洋洲文化的起源地，绘制相关人口的迁徙路线图，还有助于其了解早期南岛语族先民生活方式的方方面面。同源的词汇包括形容树木和最重要的可食用

法属新喀里多尼亚小镇布莱尔一带的风景。

植物的单词：椰子、面包树、芋头、香蕉……从关于动物的词汇可以看出，这些先民畜养了狗、猪、鸡。他们不仅有描述房屋的词汇，还有专门指称高脚屋的单词，这说明他们倾向于住在潟湖或河口湾岸边。此外，他们还有一整套与独木舟有关的词汇，这表明了其技术的精细化和一定程度的专业化。在早期的南岛语系中，有一个单词是专门指称带舷外支架的独木舟的，这个单词的现代形式包括“waka”“vaka”“va’a”等。另外，他们还有指称防溅板、有雕刻装饰的船头或船尾、桅杆以及船帆的术语。很能说明问题的是，在其共同的祖语中还有一个特指“航海专家”的词。这可能泛指那些擅长驭水行舟的人，这人很可能还是个船老大。不过在大洋洲的语境里，高超技艺常常与神力和精神力量密不可分，而且往往是“家传”的，在某种仪式中具有重要作用。据猜测，这个词很可能反映了该地区一种亘古有之的角色或身份，即航海者，这种身份很可能可以世袭。航海者不仅要掌握一定的航海技能与航海知识，还与特定的仪式和神祇相关。[5]

就社会而言，地位、秩序和等级从一开始就存在于南岛文化之中：区分兄弟姐妹长幼次序的词汇古已有之，并且暗示了当地土著后代之间也有类似的区别。尽管从有历史记载的社会向前倒推可能有问题，但问题的关键不在于真正的贵族制社会（如历史上有记载的夏威夷和汤加的君主制社会）是不是古代同等规模的南岛诸王国的现代表达。南岛文化中的等级制可能存在于那些看似规模较小且组织方式相对平等的社会中，而且对其政权的组织形式至关重要。等级制的结构可能是由世袭原则、嫡系与庶系之间互相扶持的关系、法定的仪式性义务等来定义的——或者根据优先原则来定义，根据这一原则，先来者的地位在某种程度上是社会秩序的基础。很可能在早期南岛社会中，地方酋长既是本社区政治上的领袖，也是实质上的祭司，即神祇在人间的代表。不过等第级别有多种表现形式，并且还会在社会历史进程中不断演变。南岛先民有许多共同点，但从另一个意义上来说，他们的多元分化让人眼花缭乱。[6]

同样能说明问题的是，关于“房子”的词汇中，有一个单词似乎特指一种较大的公共建筑。长屋、男士之家、圣殿等建筑往往规模宏大，还是“旧美拉尼西亚”文化的一大特色，尤其是在新几内亚东北部的塞皮克河盆地以及南部的沿海地区。还应该承认，作为某个社会群体的象征，房屋在世界各地被设计成了各种形式。但是部落的房子、会客室、酋长的居所和其他公共建筑……常常配备装饰精美的柱子和外墙，有入内的通道，有祖先或神祇的塑像，有时候还有取材于当地历史与神话传说的铭文、图绘、石像或石板画。在欧洲殖民者初来乍到的时候，这种建筑在太平洋各族群中几乎无处不在。如果此类形式（社会和群体身份的象征和赞美）在早期南岛先民之中没有先例，那将很让人意外。

人类在太平洋的定居不仅仅是有人抵达这些岛屿的问题，它还涉及将岛上的自然环境转变成被人类族群拥有和占领之地的问题。岛民通过将岛屿的自然地理特征和聚居地以带有精神、文化、家族谱系身份的名词命名，为他们的拥有和占领赋予了意义。花园、小径、独木舟登岸的地方等，都是这种文化环境的组成元素，但建筑物尤其赋予了这些地方某种形式和身份，它们的形制往往极具表现力，十分夸张，不仅处于公共生活的中心，还诉说着祖先的故事和历史。

无论5000年前台湾岛上的先民过着怎样的生活，形成了怎样的文化，它们都不会一成不变地被移植到华莱士区以及更远的地方。恰恰相反，有证据表明，最早说南岛语系语言的先民，在他们的发祥地是种植谷物的，很可能是水稻或小米。我们找不到任何明确的考古记录可以证明这两种作物曾向南移种。不过可以肯定的是，没有证据表明拉皮塔人的祖先曾经种植或食用任何类型的谷物。事实上，他们的农艺体系更重视块茎类作物，如芋头（其大而尖的心形叶子一眼就能认出，因其球茎富含淀粉而被广泛种植）、常常种植于土丘上的山药，以及椰子和面包树等树木作物。从历史上来看，由当地环境条件决定的这些作物的栽种，对整个太平洋地区都有重要意义。对许多岛民而言，这些至今仍是日常赖以生存的主食，它们搭配后来引进的作物和食物（如史前时期人类就学会栽种的甘薯，以及与欧洲人接触后引入的更多样的作物和动物）食用。拉皮塔定居点的分布范围表明这些地方曾有大量人类族群存在，因此该地区有一种史无前例的重视农业的倾向，但其中部分作物可能是由华莱士区、新几内亚和俾斯麦群岛上的早期移民率先栽培的。因此，这些作物在大洋洲生活方式中的重要性，反映出俾斯麦群岛等地在拉皮塔人定居初期新（南岛语族人）旧（巴布亚人）之间的互动。

也有人认为，新来者从当地人那里学会了土灶烹饪之法。[7]如果这种看法属实，那么出人意料的是，一开始的借来之物，后来却成了太平洋岛民真正的身份标志。这种土灶如今在斐济语中称为“lovo”，在夏威夷语中叫作“imu”，在毛利语里则是“hangi”。无论在过去还是现在，这种土灶都只在特殊场合（一般是大型庆典的宴会）使用。土灶的典型做法，是先挖一个大坑，填入从河里捡来的大小适中的卵石（如果能找到的话）或其他石头。经旺火烧过一定时间后，这些石头将趋于白热化；等确定土灶已经就绪，再将未完全烧尽的木柴移走，如此一来在烹饪过程中就将只依靠石头产生热量。食物（如腌制好的整头猪）通常会用香蕉叶或其他绿叶包裹，放到石头上，根茎类作物同样如此，然后将土灶整体用叶子和泥土覆盖。五六个小时之后，即便一头体型很大的猪也会被完美地烤熟，美味多汁。尽管这种土灶烹饪法分布广泛，源远流长，各地烹饪方法各有特色，土灶的尺寸也不尽相同，但这种烹饪方式长期以来一直是大洋洲各地仪式和节庆的基本组成要素，在公共生活中发挥着举足轻重的作用。

尽管拉皮塔人肯定畜养猪、狗、鸡，并在农业上投入了大量人力和时间，但他们却是沿海而居，在海上生活，以航海为业的。台湾岛的面积相当大，岛上的先民中有相当多的人必然定居在内陆，或者有不断向内陆迁徙的趋势，而那些以海为生的人必定居住在沿海，还拥有能够远洋航行的船。当先民徙入华莱士区之后，这种以海洋为导向的迁徙无疑更频繁了：华莱士区变成了不折不扣的“群岛之海”。黑曜石（玻璃质火山岩）和白垩岩（一种特别坚硬的沉积石英石）都在考古遗址中被发现，它们被用作斧刃、矛尖等，有时距其原产地达数百公里之遥。这表明贸易的存在，人们或者乘坐独木舟做长途贸易，或者经由一个紧密相连的伙伴网络进行以物易物。各种各样的鱼钩既表明了先民以海洋为导向的迁徙，也展示了专门化的捕鱼方法：珍珠贝有时被用作很大且会发光的鱼饵，用于在潟湖之外捕获体形较大的近海鱼种，如金枪鱼、鲣鱼、鲯鳅等。拉皮塔文化的这一方面同样反映出传统生存技能古老的传承，在太平洋的许多地方，这些传统一直保存至今。在马克萨斯群岛等岛屿上相对偏僻的定居点，找不到工作、没有收入来源的年轻人常常一大早就独自一人驾驶带舷外支架的独木舟出海，劈波斩浪，到深海区域捕鱼——那是20世纪80年代，我正住在岛上。他们几乎每天都能捕到一条鱼，这种鱼一般都和他们的胳膊一样长，所以一条就够吃了。他们回来以后，鱼会由几家人共享，切片生食，习惯上还会佐以海水、海盐或海藻。今天，现代版的夏威夷poke和大溪地椰奶生鱼沙拉用上了柠檬汁和酱油等其他引入的配料。来到帕皮提和火奴鲁鲁的游客，以及今日在全球各地食品市场上采购的消费者，很可能想不到这种美味小吃背后的捕鱼传统已经传承了数千年之久。

鉴于这种传承，从近几百年来大洋洲生活中的一些显著特点进行宽泛的倒推，就有了一定的可行性。尽管这样做可能会流于纯粹的臆测，但有理由认为，梭织和打浆纺织品（如精细织毯和树皮布等织物）有史以来就格外重要，这反映出太平洋岛民的物质生活中一个十分重要的维度，但这方面却是不见于考古记录的。无论是殖民时期的文献，还是新近的人类学研究，都让人注意到布匹的日常使用、各种仪式中包裹材料扮演的关键角色、为精细面料（有时饰以羽毛或红赭石以象征神圣）赋予的尊贵感，以及纺织品在贸易中的重要性。拉皮塔陶器上的某些图案或许能间接表明这种材料的深层意义，其中有些图案与库克等人18世纪以来收集的树皮布上的图案相同，如今在博物馆里这样的藏品数不胜数，另外还有些图案让人联想起织物的纹理。与此相关的是，除了可食用植物外，蒲公英——它的气生根丛很容易识别，这种根有助于支撑常常看似头重脚轻的树——也是一种重要且有用的植物，榕属植物同样如此，后者主要提供树皮，而这种树皮经浸泡、加工、打浆后，能制成统称为“塔帕”的布匹。[8]

回到我前面提到的对排湾人的访问过程中所做的观察，有趣的是，在保存下来的陶器和我们只能通过文物了解的纺织品上共有的多种图案，同时也是文身所用的图案。太平洋考古遗址中尚未发现有文身的“沼泽干尸”，但在若干遗址中发掘出了用来文身

下页图
露兜树为整个太平洋地区提供了纺织原材料，
同时也贡献了可食用的坚果。

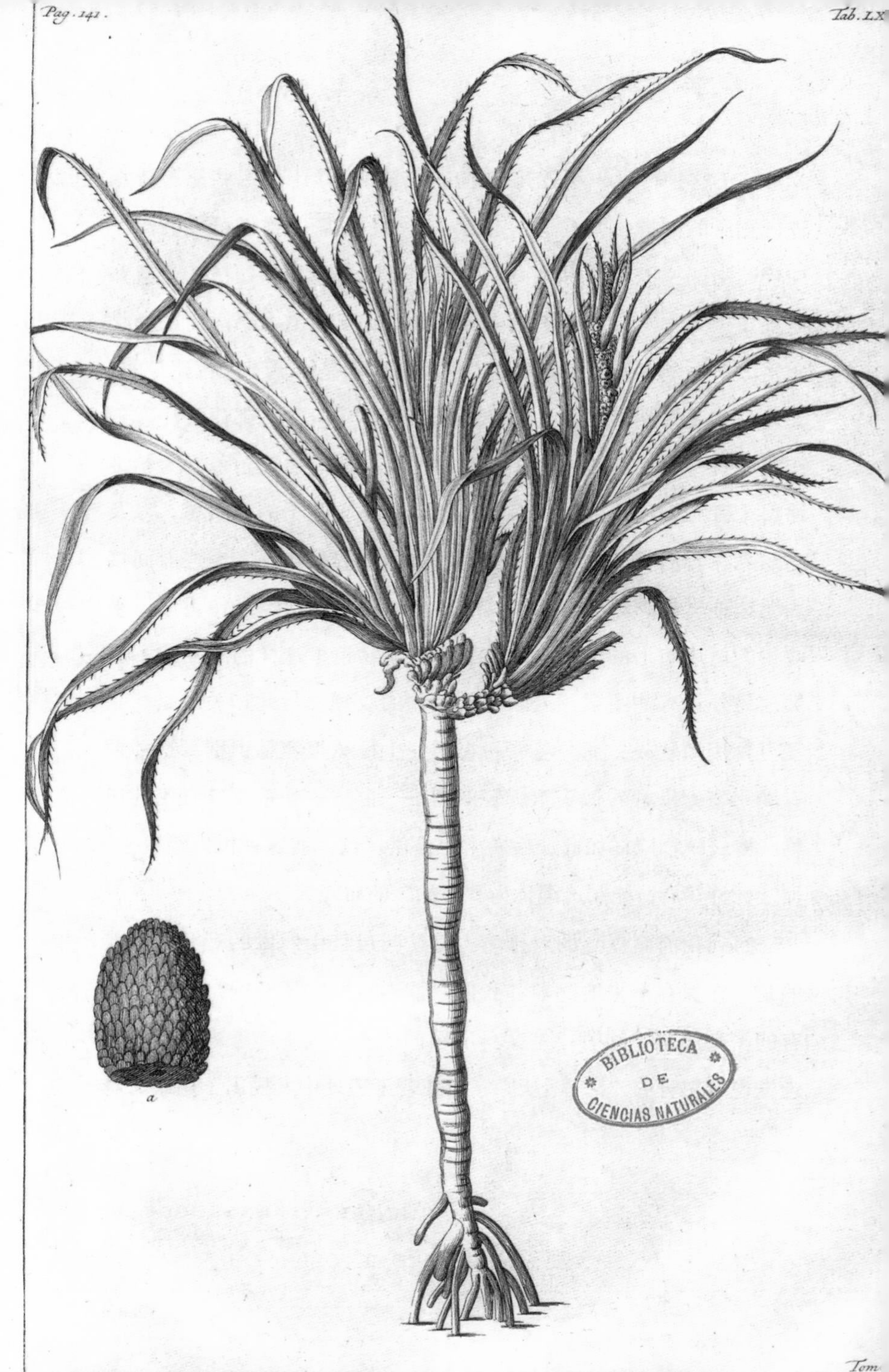
a

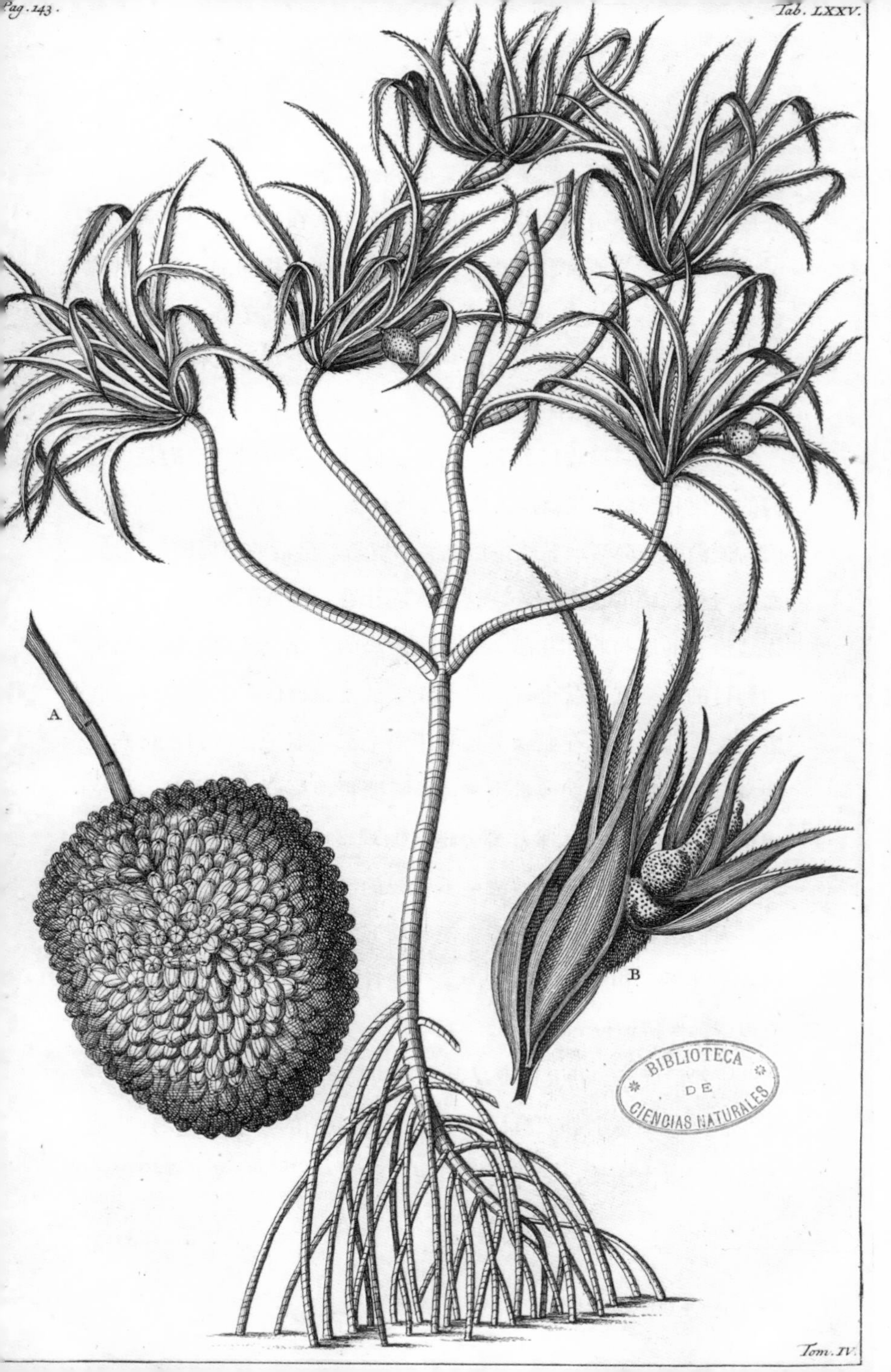
A.
B

的“梳子”——用一把类似船桨的小型槌子快速敲击，在一片贝壳或一块骨头上造出一排锋利的尖角。用来在仍然潮湿的陶土罐上刻画图案的，或许就是类似的，甚至可能是相同的工具。这种名为“Tatau”的文身除了在大洋洲，在其他南岛语族中也广受欢迎，对说南岛语族的人来说，想必这种文身已然是一种重要的自我表达形式和身份象征了。[9]

即便关于“拉皮塔人”尚有许多谜团，但可以肯定的是，他们的文化和经济不仅高度适应了岛屿环境，而且是发达和复杂的，因为他们的社会活动显然包括航海和贸易。生活并不局囿于当地，而是与更广阔的世界相连，这至少能让特定的族群获得他们的居住地没有的原材料和物品。不过远距离的文化交流很少纯粹出于功利目的。个人成就也许总是与正式的友谊、伙伴关系或亲族联盟相关，即使亲戚在血缘关系和距离上都很遥远，他们也可能定期举行公共集会，交换贵重物品。需要再次强调的一点是：根据19世纪或20世纪对太平洋部分地区的观察所得，臆测数千年前该地区的生活方式，这种做法是不明智的。不过大洋洲的语境意味着，人们通常不会仅仅为了方便贸易，就漂洋过海与另一族群缔结社会关系。相反，贸易是为了建立社会关系——其实是为了赢得声望，保持地位。

所罗门群岛、新几内亚岛及其周边岛屿的早期定居者在技术、人与自然的关系上都有自己的创新。在南岛语族移民进入这些地区之前的数千年里，这些早期的定居者似乎已经形成了规模较小的族群。这些族群可能由几个家庭，或者几十个人组成，但还达不到数百人的规模。非南岛语族的岛民逐渐找到了他们通往密集农业和集权社会的发展道路，形成了他们自己充满活力的社会文化交流形式，并通过地区贸易体系与更多其他族群取得了广泛联系。但当南岛语族抵达俾斯麦群岛时，这种入侵的外来文化是簇新且生命力旺盛的，它性格外向，或许还带有侵略性。

拉皮塔文化历史上最令人惊讶的部分，就是其从故土俾斯麦群岛向南方、东方以及更远地域的扩张速度之快。在过去的20年里，不间断的考古研究已经从230多处遗址中发掘出了拉皮塔陶器，这些遗址分布在从新几内亚到萨摩亚之间广阔的群岛和海域上，跨度接近4500公里。正如美国考古学家帕特里克·基尔希所说："拉皮塔文化的传播是世界历史上已知的地理空间跨度最大，也是最快速的人口扩张之一，这一点已经越来越毋庸置疑。"[10]

最早一批拉皮塔文化的遗址位于太平洋最西部，即俾斯麦群岛的最北端，以及新不列颠岛以南的阿拉维群岛。在这些聚居点成型初期，其中的居民显然有一种不断向海洋中其他岛屿扩张的倾向，因为发掘出的村落遗址都是建在潟湖浅滩上的干栏式建筑。有证据表明，就在这些人口群落出现之后的几百年内，拉皮塔人迅速向南和向东迁徙，穿过所罗门群岛中的大岛，抵达了更远的海域——这些岛屿之间相对距离较近，而且已经有数万年人类定居史了。在所罗门群岛各地，拉皮塔人与早期的"土著"定居者一定曾经共存过，还发生过文化交流。拉皮塔人初来乍到时，双方之间的关系是敌对还是相对友好，我们尚不得而知。可以肯定的是，两个族群在一段时间之后发生了融合。不过，当南岛语族进一步迁徙进入南太平洋之后，他们就超越了早期人类定居范围的局限，抵达了圣克鲁斯群岛、北瓦努阿图、洛亚蒂群岛、新喀里多尼亚群岛，乃至更远的斐济群岛和波利尼西亚西部，还曾向北进入美拉尼西亚的部分地区，而这些迁徙就发生在不到200年的时间里。与早期的航行相比，这些都是距离远得多的发现之旅。要抵达斐济群岛，途中必须跨越大约850公里宽的汪洋大海，这个跨度远大于人类在更新世里曾经做出的航海之举，也大于同一时期世界其他任何地方的航海纪录。值得注意的是，航海事业是持续进行的。它需要的并不是建立新定居点后再花一段时间发展和巩固，而是遵循一个定居点建立后马上继续迁徙的模式。这并不等于说某个航海群体找到一片陆地后，“扎营”一段时间就继续航行了。他们会首先建立完整规模的定居点，等人口数量（起初通常很少）有显著的增长后，其中一个分支就会离去。离开的人带着作物和成对能生育的猪、犬、鸡等，还有足够下一阶段航程生存的食物和水，出发航海，最终抵达过去从未有人类定居的土地，建立起新的定居点和社区。而在这些人之中，又会组建起新的航海团队，再次踏上探索未知世界的旅程。

开启如此艰辛而危险的旅程，动机究竟是什么？如果我们不能以自己今日之兴趣设身处地为古人着想，这个问题就很难回答。不过，比较谨慎的推论是，社会价值观在其中起了举足轻重的作用。南岛语系以及可能的南岛文化是通过祖先确定等级的，即根据血缘关系分嫡庶、别长幼，其中长子的后代地位尤其尊崇，而某些特定群体的“创始人”看上去也会享有特权。因此，追求生前身后名的人，会将一次成功的殖民航海之旅（以一个社区的建立为成果）视作人生的最大成就。不过，这还不足以解释为什么当时这种观念会驱动如此接连不断的殖民冒险。我们可能也想知道，为什么这种殖民冒险要采取远洋航行的形式，而不是在周遭就近开疆拓土，要知道这些岛上原本有着大面积的土地。新喀里多尼亚群岛中格朗特尔岛*的面积比美国的康涅狄格州还要大，也大于威尔士面积的四分之三；构成今天瓦努阿图共和国的群岛由八十多个岛屿组成，其中许多岛屿的面积在今天的人看来，可能足够当时新来的移民安家落户了。

拉皮塔人的大规模迁徙开始得很突然，结束虽谈不上仓促，却清晰明了。当先民抵达斐济群岛和波利尼西亚西部之后，就在广布的大小岛屿上（从维提岛、汤加群岛一直延伸到乌波卢岛和萨瓦伊岛）定居了。这些移民在公元前一千年前后就抵达了这一地区，然而他们的社区和文化在相对较近的岛群上经过了近两千年的发展，之后才开启了进一步的远洋冒险。

就是在这样的环境里，波利尼西亚文化形成了自己的特色。如前文所述，“波利尼西亚”是杜蒙·杜维尔发明的一个术语，也

* 意为“面积广大的领土”。——译者注

是19世纪民族人类学的产物，它有意被夸张地与“美拉尼西亚”这一概念并立，并流行了一个多世纪。不过，杜蒙·杜维尔的理论是他那个时代的反映，虽然该理论确实带有令人反感的殖民主义的因子，但这并不意味着他所说的一切都是错的。尽管这位法国地理学家另外两个地区和族裔的原型——美拉尼西亚（人）和密克罗尼西亚（人）——无法代表其祖先统一的文化或连贯的传统（更遑论“种族”），但无论在过去还是现在，波利尼西亚人、波利尼西亚文化和波利尼西亚语言都是同源的。“美拉尼西亚”的概念混淆了新几内亚岛的早期移民、讲巴布亚语言的民族，以及主要讲南岛语系语言的“美拉尼西亚岛民”之间的区别。“密克罗

海岸边的露兜树，瓦努阿图塔纳岛，夸梅拉。

尼西亚”的概念同样将马里亚纳群岛上的查莫罗人与帕劳群岛上的居民混为一谈，实际上，帕劳人是来自华莱士部分地区（很有可能是菲律宾群岛）的早期移民。此外，这一概念还混淆了从阿德默勒尔蒂群岛来到雅蒲岛的移民与定居在东加罗林群岛上的移民，而后者很可能来自所罗门群岛或者瓦努阿图群岛。上述第二和第三个群体都与拉皮塔人的大规模迁徙有关；第一个群体属于更宽泛的南岛语系和文化的范畴，但他们更直接的祖先来自西方和北方更远的地方，是东南亚群岛部分地区的早期移民。

“波利尼西亚”的起点，就是拉皮塔文化所能涉足的最东边。[11] 在公元前1100年至前1000年间，继新喀里多尼亚和所罗门群岛有人定居之后，斐济群岛很快也有了定居点；到公元前900年至前850年，先民似乎又进一步迁徙到了汤加和萨摩亚群岛。如果确如戈尔森所说，散居各地的拉皮塔人构成了一个“文化共同体”的话，那么波利尼西亚先民中也存在一个相似且分散的文化的“共同体”，后者成型较晚，覆盖的地理面积也更为有限。这一定居和文化交流的区域包括汤加群岛和萨摩亚群岛，以及较小的乌韦阿岛、富图纳岛、纽埃岛……这些岛屿散布在相对广阔的海域——从汤加群岛的北部诸岛，到萨摩亚群岛中最大的萨瓦伊岛和乌波卢岛，跨度达600公里。空间距离如此遥远，这就带来了一个问题：对于定居在这些岛上的先民而言，“共同体”究竟意味着什么？那些假

下页图

一种名为“那卡麦”的屋子，人们会在这里饮用卡瓦酒，瓦努阿图塔纳岛，夸梅拉。

定这些岛上的土著文化总体上相互关联且有本地特色的人，可能会想象每一座岛上的岛民社区都有其特有的身份认同和传统，其中的居民还过着不同的生活。毫无疑问，每一个地方社区都有自己的传说故事和归属感。但海洋是文化交融之地，人们的联结和亲情都在此维系。作为这些社会发展标志的创新被广泛地共享；当地的拉皮塔定居者开始表现出与西面的其他拉皮塔人（有其独特的历史）的区别；波利尼西亚人的祖先有了共同的特征，他们创建新的制度，也形成了新的信仰和习俗，所以从18世纪开始，当来自欧洲的外来者遇到大洋洲东部的文化，波利尼西亚人便被前者认定为了一个单一的“民族”。

波利尼西亚先民传承并丰富了拉皮塔人祖先的农艺文化，他们种植诸如芋头和山药等根茎类作物，还种植面包树、椰子、香蕉、芭蕉、蒲公英（可用于编织垫子）以及榕树（树皮可用于制造塔帕布）。大家庭组成宗族，若干宗族组成一个部落：这样的部落往往追认一个共同的始祖；而在这个始祖的每一代后裔里，被确认为嫡长子的人会成为部落酋长，酋长通常被称为“tui”“ariki”，或有其他同源的称谓。酋长可能通过某种名义或头衔拥有该部落的所有土地，并担任部落的祭司，负责向祖先神祇献祭首批收获的果实。尽管19世纪的欧洲观察家习惯用图表来分析波利尼西亚人的社会，还经常将当地的领袖称作国王，但这些地区的政治制度实际上并不稳固，领袖的身份地位也是不断变化的。酋长、祭司、武士、萨满互相争权夺利；通过结盟，特定贵族和家族可能得势，从而享有此前为其他团体所享有的权势；航海、文身、艺术、医疗方面的行家就像专业的祭司一样，各有其特殊的身份。等级并不是固定不变的，族谱带来更多的是争议，而非一种长久稳固的等第秩序。当地文化中有所谓“塔布”（tapu，在库克远航之后，被英译为taboo，意为禁忌）的概念，反映的是当地原住民对神圣性和权力复杂的理解，而不是简单的宗教上的禁忌。神力、精神力量、技艺、效力等，在波利尼西亚各地同样都是至关重要的概念，它们源远流长，在历史上还曾在美拉尼西亚各地产生过深远影响。

假如说长途贸易在大洋洲有着悠久的历史，那么在波利尼西亚文化的成型初期，馈赠和礼节性的文化交流就似乎显得格外重要。正如前文所承认的，根据有史可考的波利尼西亚人的行为倒推更早时期的历史面貌，在方法上是值得商榷的。不过，波利尼西亚西部有一个尤为值得注意的现象：当地的社群常常向其亲属，尤其是与其有姻亲关系的外族人赠予大量食物和各种贵重物品。从这个意义上来说，他们的社会本质上是跨地域的：一个社群的人会定期带着大量馈赠到其他地方去，作为赴宴和接受馈赠的回报；这种交流活动需要迎来送往的仪式，仪式上会举行演说、歌舞、表演等活动。赠礼常常是有攀比性质的：馈赠者总是力求奢华，礼品的多寡象征着他们权势和“神力”的强弱。

尽管文身、酋长制、家族谱系以及一些维持生计的工作肯定是波利尼西亚先民文化的一部分，但某些更加具体的文化形式，如首批果实的献祭仪式，与禁忌、神圣性和布匹（常常用来包裹或“罩住”神力）相关的信仰，很可能早在两千多年前波利尼西亚西部地区的文化中就已经同样重要了，但考古所能复原的历史也只能到此为止。不过可以推断，原本在那些年代已经出类拔萃的独木舟制造工艺、导航和航海技能……得到了进一步提升，因为逐渐成型的波利尼西亚“文化共同体”是一个岛际共同体，它不是通过共同占有一片土地，而是经由水上航路连接起来的。

如果说拉皮塔文化令人匪夷所思的扩张，以及这种扩张在波利尼西亚西部戛然而止的原因是终极的谜题，那么促使波利尼西亚人冒险远航的因素同样如此。无论是出于何种原因，在一千多年前，都上演了一系列新的探险远征，波利尼西亚人就此跨越太平洋，踏上了更大范围内的群岛和岛屿。理论家们曾设想在马克萨斯群岛存在一个有人定居的阶段，并从此开启了一系列新的远航，但现在看来，“中”东部波利尼西亚岛群（包括库克群岛、社会群岛、甘比尔群岛以及马克萨斯群岛）直到公元九百年前后才首次有人定居。挪威探险家托尔·海尔达尔毕生都在论证这样一个观点，即太平洋上波利尼西亚群岛的首批居民是从南美洲航海而来的。但基尔希和其他考古学家认为，美洲—波利尼西亚文化交流的证据十分有限，最有力的不过是在波利尼西亚东部发现的来自美洲大陆的红薯，但这些红薯很可能是波利尼西亚人在返航途中带回来的，而从波利尼西亚群岛到南美洲海岸的往返航行，或许就只发生过一次。[12]

值得注意的是，海域面积广阔的土阿莫土群岛（构成了全世界最大的环礁群岛），也在很早的时候就有人定居了。与基里巴斯、马绍尔群岛和密克罗尼西亚地区的其他群岛一样，这条由八十余座岛屿构成的岛链，为初来乍到的移民提供了独特且极富挑战性的环境。环礁通常是狭窄的、支离破碎的环形陆地，仅高出海平面一两米，往往还将大面积的潟湖与深海隔开。这里找不到石材，有的只是珊瑚；土壤是沙质的，而且含盐量很高；没有溪流；天然植被极其贫瘠；鸟类物种不多；除了移民有意无意引入的动物之外，环礁上原本没有陆地动物。部分种类的面包树可以种植，因为它们的根能探入地表下的淡水透镜体（由雨水积聚的一层地下水）；有些环礁移民为了栽种大芋头，掘坑一直挖到淡水透镜体。而椰树和蒲公英对岛民的生活至关重要。椰子提供了营养丰富的椰奶和椰肉；蒲公英的坚果和叶子可以食用。椰树和蒲公英都提供了必要的原材料，可用于编织垫子和篮子，制造船帆，获取制作鱼线和渔网的纤维，还有能用于造房子的材料……在其他地方用石头制作的工具，在环礁上是用各种贝类切削制成的（如用巨蚌制成的锛子），而私人装饰品同样是用贝壳、有时候用海胆的刺为原材料制作而成。

考古学家经常提到人类对环境的“适应”。就来到这些环礁的先民而言，他们可能来自差异巨大的环境，如塔希提岛这样环境多样化的高岛，他们必须做到的远不止“适应”而已：他们必须大范围、大幅度地重塑自己的生存和生活方式。与此同时，这种方式仍是跨地域的。在库克远航时，塔希提人肯定曾驾驶独木舟前往土阿莫土群岛，寻找珍珠贝一类的产品。约翰·福斯特就曾发现“低岛岛民”养一种以长有白色长毛著称的狗，而这种狗很受社会群岛岛民的欢迎。他还提到纸桑树（构树），这种树的树皮常被用来制造布料，他注意到岛民无法“在他们沙质的、贫瘠的岩礁土地上栽种桑树”，这些“互通有无的需求”刺激了“高岛岛民与低岛岛民之间的某种形式上的商业活动”。[13]

进一步的考古研究必将更精准地确定本地区首批移民到来的年代，不过就目前来看，南方群岛、夏威夷群岛和复活节岛首批移民抵达的时间是在公元1100年前后，而新西兰的首批移民要晚100年左右，他们是在公元1200年前后到达这里的。这些年份（许多证据来自靠近海滩的沙丘遗址）表明，先民就像早期拉皮塔人一拨接一拨的远航一样，在相对较短的几代人时间里完成了快速扩张。当时若有足够长寿的人，他很可能刚到某座岛屿的时候还是个婴儿，后来却目送过自己的儿孙乃至曾孙出海（岛上的社区在他在世的这些年里已经发展成熟）去寻找更远地方的岛屿，建立新的家园：这样的故事或许非同寻常，但的确是可能发生的。

不过，尽管这种扩张看似十分迅速，但波利尼西亚东部社会的某些特质的确表明，在某个地区（如社会群岛）会发展出一种明显有别于波利尼西亚西部社会的文化认同。这些特质可以从物质文化中辨认出来，如带有独特锯齿状刃的锛子（这表明了对精致的木工工艺的兴趣）以及多种多样精巧的鱼钩。同时，该种特质也能从非物质文化中予以识别，例如，存在一个确定无疑的东波利尼西亚方言群。因此，当图帕亚陪同库克乘坐“奋进号”来到新西兰时，来自社会群岛的他能够轻松地与毛利人交流。可靠的语言学证据表明，东波利尼西亚语言有两种主要的母语，从其中一种发展出了塔希提语、土阿莫土语、毛利语以及各种库克群岛语言，另一种则是马克萨斯语、夏威夷语、玛盖若瓦语的源头。拉帕努伊语单独构成了第三个独特的类别。

同样值得注意的，是在“马拉埃”这一礼制性会堂的发展中体现出的东波利尼西亚文化共有的形式：这种会堂有时会用阶梯状的平台或垂直的石块，来代表被当成神祇供奉的祖先（在土阿莫土群岛上用的是珊瑚礁）；这种共有的文化形式也体现在一系列更加具体的信仰和规程上，包括禁忌、对今生来世的理解等。某个“东波利尼西亚故乡”被占据之后不久，航海者就继续向着更遥远的岛屿进发了。一个时期的双向航行也可能促进共同的文化发展：后来随着群岛上人口的增加，社会关系和文化交流才开始在岛群内部而不是岛群之间出现，对马克萨斯和夏威夷等地的岛民而言，长途的群岛间航行也开始变得不如以前频繁了。

东波利尼西亚文化的相对同质性是令人惊讶的，而正是对复活节岛与奥特亚罗瓦（Aotearoa，毛利语，即新西兰）之间文化相似性的观察，才让库克一行人能够（或者说被迫）意识到，一个单一的“伟大民族”已经在这片汪洋大海上开枝散叶。不过，在另一个层面上，从塔希提岛到马克萨斯群岛，从夏威夷到新西兰，各地社会、政治、文化发展的多样性同样令人印象深刻。在这些有亲缘关系的文化中，某些形式的酋长制和君主制确实是同源的，但值得注意的是，在夏威夷出现了一种等级分明、统御全岛的王国，该王国有能力动员平民劳工修建大型神庙，构筑资源管理系统，例如，建造大规模芋头水田、由石墙和围堰筑成的大型潟湖渔场以及主要的神庙辖区。[14]这些政治组织形式与在马克萨斯群岛和新西兰毛利人当中出现的大不一样，相比之下，后者的权力更分散：尽管夏威夷也发展出了不同类型的集约化农业（面包果在马克萨斯群岛岛民的生活中尤为重要，人们经常把发酵后的面包果泥保存在坑里），但酋长们通常权力有限，而且相互之间小规模战争不断，他们还定期举行宴会，把来自不同岛屿和领地的盟邦友人请来团聚。在波利尼西亚，政治变革显然既有进化（发展出集权程度更高、等级更分明的形式），也有可以被视为退化的，从可能曾经更统一的古老的酋长制，朝着地方层次的政治领导制度转变。

后一种发展出现在东波利尼西亚的标志是机会主义的结盟模式——由主要宗族的男女结盟，得到（也可能得不到）武士和萨满的支持，依赖于不断变化的地方拥护势力，并取决于与盟者在战场上和典礼中的表现，而非任何一种在形式上更持久的政治秩序。这种退化最著名的一个实例，是复活节岛民中的鸟人崇拜竞赛。这是近几个世纪里才出现的新事物，取代了以最高酋长为中心的更“传统”的等级制度。著名的摩艾石像，即象征着复活节岛民伟大祖先形象的巨石像，曾是这些酋长的象征，但在一段激烈的地方冲突之后，这些巨石像丧失了尊崇的地位。在电影和其他大众传媒关于复活节岛民生活的描述中，这种社会动荡有时被渲染得耸人听闻，完全脱离了其适当的语境。其实在流行文化中，大洋洲的文化形式总是被表现得独一无二，让人惊叹不已，却未能体现出太平洋生活中普遍存在的动态趋势。例如，地方宗教从来就不是一成不变的：在许多岛屿上，常会有新的崇拜出现，进而取代旧的信仰。相似地，酋长会被废黜，王朝也会被推翻，尤其是当统治者未能按照理想方式为他们的子民保障繁荣昌盛的生活之时。在来到太平洋的欧洲旅行者中，比较有洞察力的那些人总能意识到，他们所接触到的社会并非有着一成不变的习俗和制度，而是更像他们自己的故土：无论在政治上还是宗教上，冲突和创新都是司空见惯的。

库克群岛、马克萨斯群岛、塔希提岛、夏威夷群岛的居民以及毛利人数百年来相对独立的文化发展，造成了东波利尼西亚艺术的多元化，这一点同样引人注目。倘若你有机会到瑞典世界文化博物馆的大洋洲画廊走一遭的话，很轻易就能发现这一点。[15] 当然，这些文化之间有明显的内在联系，木雕与石刻的神灵和祖先的塑像在其中普遍都很重要。然而，其中的各种造型和图案系统在复杂性、连贯性、识别度、特殊性等方面令人惊讶，这尤为典型地体现在毛利人和马克萨斯群岛人的艺术中。在每一种艺术传

下页图

萨摩亚乌波卢岛萨塔瓦村，1982年。

统中，一整套内旋设计的视觉语言（在毛利人中最突出的是曲线，在马克萨斯群岛人中则由有圆形交错过渡的正方形构成，两种传统都因精致而断续的对称性增加了活力）“包裹”住祖先塑像的躯体和各种各样的船、工具、武器……在文身的时候，相似的设计则“包裹”着男男女女的全身或身体的一部分。然而没有什么东西是标准化的：某些纹饰设计看似简单朴实，却以造型取胜，而非靠装饰。以研究马克萨斯群岛艺术闻名的伟大的德国民族学家卡尔·冯·登·施泰因认为，尽管“乌乌”战杖那样的艺术品曾被认为一定经过许多个世纪的雕刻完善，但它们实际上可能是很晚近的艺术创新。在“奋进号”上，约瑟夫·班克斯曾对毛利人的雕塑痴迷不已，他还让手下的画家对独木舟的船桨和许多其他艺术形式做了细致的描绘。关于其中一种风格，他写道：“我完全可以说这是独创，找不到第二件一模一样的。”[16]

然而这些各具特色的艺术风格的确有着共同的起源，这个共同的源头就在毛利人、马克萨斯群岛和社会群岛等地的原住民的祖先之中。在现存为数不多的早期雕塑中，有一件名为《凯塔亚》的作品。[17] 1920年，在新西兰北岛北部凯塔亚镇郊外的一处沼泽排水系统的施工过程中，发掘出了这件精美的作品：后来它的年代被确定为14世纪，因此是毛利人的祖先首次在新西兰定居后的大约一百年内制作的。这件雕塑有两米多宽，一般认为是一座大门头顶中央的一个部件，这座大门很可能通往某个仪式性场所。这件雕塑中央有一个棱角分明、蹲着的人物形象，他双臂张开，

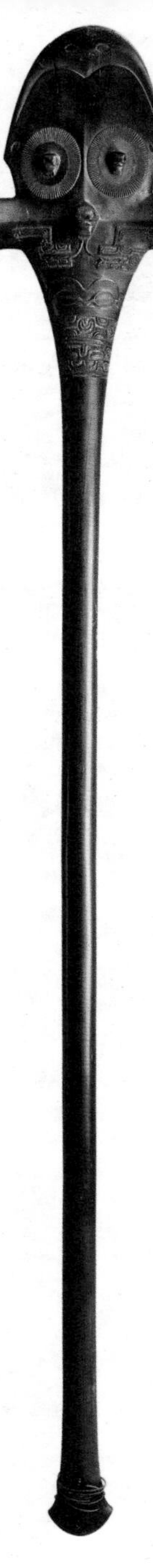

“乌乌”战杖，马克萨斯群岛，
18世纪末或19世纪初。

双人与一头四足动物的雕像，塔希提岛，约1690—1730年。

汤功格，凯塔亚雕像，1300—1400年。

使其身体与拉长的弧拱相连，这些弧拱可能与某种抽象的、长着长嘴的、像蜥蜴一样的肉食性动物的尾巴有关。凯塔亚雕像与历史上的毛利艺术截然不同，却与南方群岛和社会群岛上发现的作品有着紧密的关联，这一点引起了特别的关注。自1931年起，民族学家们就指出这件作品与剑桥大学考古学与人类学博物馆收藏的一件雕塑十分相像，后者显然是一个更大物件的一部分，上面拟人化的双人雕像与凯塔亚雕像上的人物形象一样蹲着，棱角分明：其中一个人的一条手臂与某种四足动物（狗或者猪）的尾巴相连。剑桥大学的这件藏品是库克首次远航途中收集的，但直到最近才得以确定年代，而且它在被发现的时候似乎已经是一件古物了——确定的年代表明，它是在16世纪末或17世纪初制作的，这意味着当库克获得这件文物的时候，它已经有50年到80年的历史了。

而且，剑桥大学的这件藏品长期以来一直在两个方面被人误

解。在没有证据的情况下，部分学术文献将其描述为一件“独木舟上的装饰品”，可它更可能是门廊雕刻中一个独立的部件，或许是类似凯塔亚雕像这样的作品的其中一端。可以理解的一点是，这件作品曾被归为来自南方群岛的文物，理由是南方群岛的雕塑常常出现棱角分明的形象和那种曲折的锯齿状装饰，在凯塔亚雕像的透雕部分也有这样的元素。事实上，对该雕塑中的木材所做的同位素分析证明，这件作品来自塔希提或社会群岛的其他地方——考虑到“奋进号”与南方群岛岛民（在鲁鲁土岛）的接触极为短暂，这件文物也不大可能是在南方群岛获得的——我们可以设想它是在鲁鲁土岛制作，先被卖到了塔希提岛，之后才作为赠礼或交换的商品为库克或他一行中的其他成员所得。然而无论如何，两件雕塑之间的相似性均指向了毛利人与波利尼西亚中东部岛群原住民的祖先之间的关联。没有证据表明凯塔亚雕像曾受到塔希提雕像的直接影响，这主要是因为后者的制作年代比前者晚了300年到400年。但两件作品无疑反映出了更深层次的、共通的艺术传承。在《波利尼西亚学会会刊》（*Journal of the Polynesian Society*）发文指出其中的相似性约90年后，这两件作品终于在伦敦皇家学会的“大洋洲”展览上首次并列展出了。[18] Te Runanga-o-te-Rarawa（凯塔亚雕像发现地的原住民部落的部落委员会）的高级别成员和塔希提岛的代表莅临了展览开幕式和祈福仪式。两件雕塑制作人的后裔相聚在一起，面对祖先创作的精美又十分相似的作品，他们共同表达了敬慕与赞叹之情。

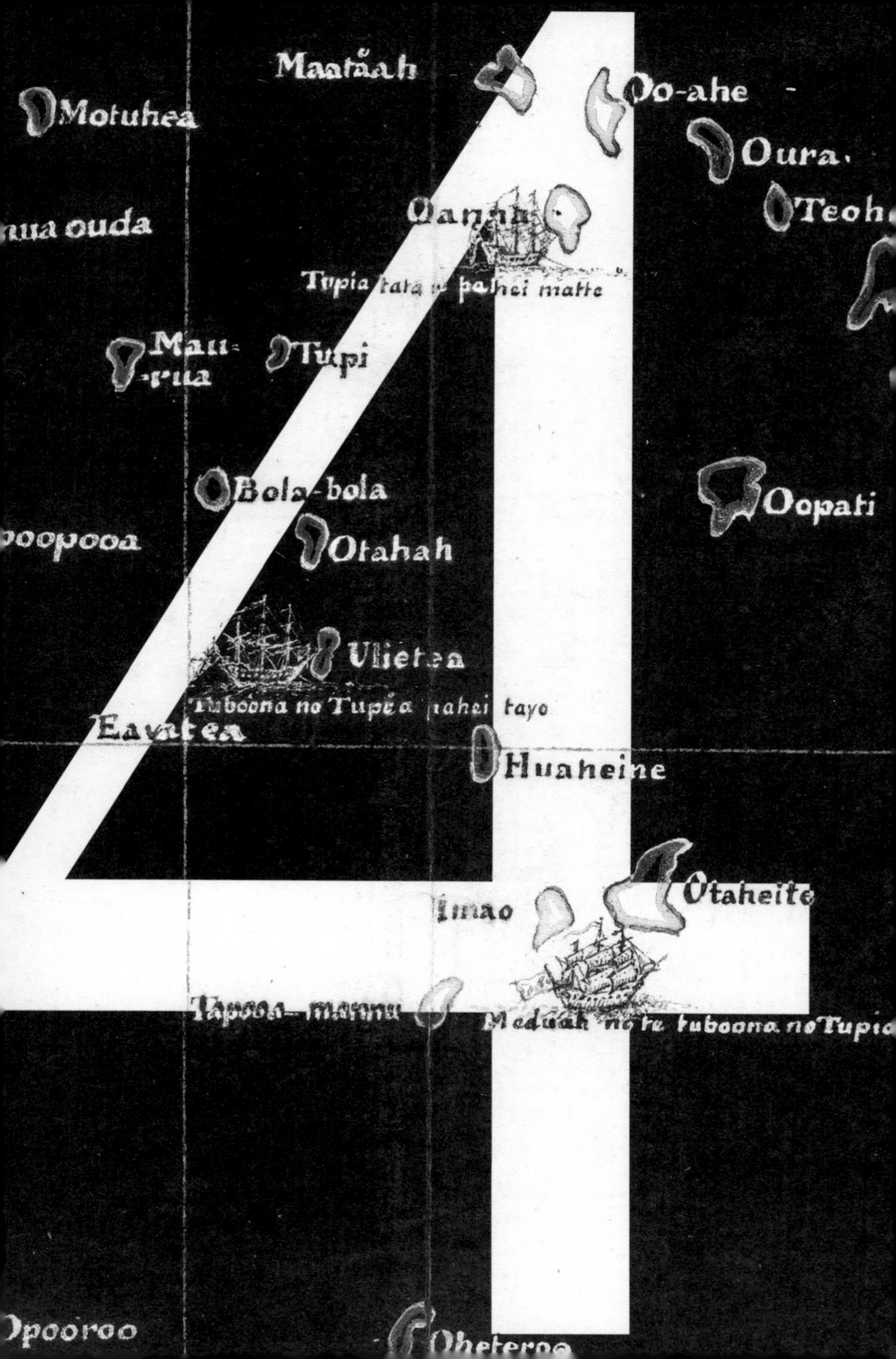

4

Maatăah

Motuhea

Oo-ahe

Oura

Teoh

ua ouda

Oanna

Tupia tata no pahei matte

Mau-rua

Tupi

Bola-bola

Oopati

oopooa

Otahah

Ulietea

Tuboona no Tupea pahei tayo

Eavatea

Huaheine

Otaheite

Imao

Tapooa-manu

Meduah no te tuboona no Tupia

Opooroo

Oheteroo

* * * * * *

逆风独木舟

全世界最好的船

1686年5月21日，经过艰辛的旅程，从墨西哥出发的“小天鹅号”终于抵达关岛西海岸锚泊：当时它的补给品几乎已经消耗殆尽。海盗兼作家威廉·丹彼尔此后将有不到两周的时间观察查莫罗人生活的方方面面，不过尤其让他印象深刻的是查莫罗人的航海独木舟，他对这种船做了详细的描述：

就造船（东印度群岛一带船被称为Proes）而言，当地人的聪明才智胜过任何其他民族，而且他们乐在其中。他们的船两头尖，船底是一体的，与小型独木舟船底的制作方法相似，挖得非常齐整，这样就能省下足够多的材料。这个船底的构件相当于建筑中的龙骨。整条船长约8米至8.5米；龙骨的底部做成圆弧形，近似楔形，而且十分光滑；上半部分几乎是扁平的，有一个非常平缓的凹陷，宽约0.3米：从这里开始，船两边的狭窄木板抬高至约1.5米，木板宽约10厘米至13厘米，船的两头均呈弧线向上翘起，非常漂亮。[1]

丹彼尔接着描述了他所见的“小船”，即舷外浮杆，这是“用来让大船保持直立、避免过度倾斜”的。他随后解释了这些船首和船尾没有明显区别的船是怎样在风中“只需移动桅横杆的一端”就可轻松调头的。丹彼尔写道：“我之所以特别详尽地”描述这些独木舟，是“因为我相信查莫罗人驾的是全世界最好的船”。他断言这些原住民“驾驭船的技艺与造船的技艺一样娴熟”；他相信他们能在12小时左右的时间内航行到远在大约167公里以外的邻近岛屿，还能够在4天内远航到马尼拉。[2]

制造查莫罗风帆独木舟的，不是拉皮塔航海者的后裔，而是从菲律宾来到密克罗尼西亚西部的移民。在丹彼尔看到这种独木舟的时候，这些移民很可能已经与东南亚海岛上的居民重新建立了联系，并对这种船做了改良。上一代船（包括太平洋各地的航海独木舟）的制造不曾借助任何金属工具，但是丹彼尔观察到的这种船，其制造者一定从西班牙人那里获得了铁器。制造这些船需要做大量的木工工作，而带铁刃的锛子和刀具能使其更快、更轻松地完成——尽管船构造和材料可能并没有因为与欧洲人的接触而改变多少，因为大洋洲船的设计原则与欧洲船有着根本差异：后者的稳定性来自其扁平的截面、重量以及压舱物。

早期与太平洋岛民进行过跨文化交际的欧洲人，大多是与丹彼尔一样的职业航海者，他们对船的构造和驾驭了如指掌。他们当然对岛民的船饶有兴致，其中最好的观察家还对独木舟、船上的索具以及这些船的航海能力做过详尽的描述。某些地方的船被认为质量不佳，例如在复活节岛，由于缺乏木材，岛民最多只能造些用于近岸捕鱼的小船。在多数岛屿的海岸边，欧洲人观察到的绝大多数独木舟也同样只适用于在潟湖或近岸捕鱼，而不能作远距离航行。但早期到访的欧洲人对其所见较大的船十分赞赏，而且他们有机会亲身上船观察这些船扬帆出海时的表现。荷兰航海者雅各布·勒梅尔和威廉·斯豪腾是最早对此做出记述的人之一，他们曾于1616年4月驶抵汤加群岛北部诸岛。他们当时见到

舵桨，巴布亚新几内亚凯里鲁岛，19世纪晚期。

下页图
库克群岛茅克岛，1982年。

了一艘帆船，一开始误以为是西班牙人的船，于是试图迎击，但很快就发现这显然不是欧洲人的船，而是一条土著人的“小帆船”。这艘独木舟上的船员受了惊，试图避开荷兰人，而荷兰人则对着独木舟不断开火，他们显然并不想伤人，只是想迫使对方降帆并向他们靠过来。一部分岛民跳船逃生，还将席子和鸡等“贵重物品”扔进了海里。一部分人溺毙了，但欧洲人救起了其他人，治疗了其中一个受枪伤的人，在与他们交换了一些物品之后，最终放走了他们。[3]

荷兰人遭遇的这条船不但是一艘尺寸相当大的双体独木舟，而且显然正在远航途中，甚至有可能正在寻找远方可定居的岛屿。据估计，船上约有二十五人，包括婴儿、幼童、成年女性和至少一个老年男子；他们带着椰子，但为数不多，而且他们途中似乎是靠喝海水度日的。

他们的小帆船构造精良，外形奇特……它是用两条修长的独木舟组成的，两条独木舟之间有相当大的间隔，其中有两块很宽的红木甲板，甲板边缘凸起，上面横亘着一些小木梁，木梁之上又有另外的甲板，整体非常严密、紧凑，将两条独木舟牢牢固定；其中一条独木舟靠近船头的地方，也就是右舷，有一根分叉的木棍被当成了桅杆，上面挂着他们的帆。这帆用席子做成，与西班牙人的小帆船所用的帆形状相同。这种船非常适合航海。他们既

上页图

威廉·斯豪腾日记中的版画，描绘了1616年荷兰人攻击一艘汤加独木舟的场面。

没有罗盘，也没有其他航海仪器，只有捕鱼的钩子，在这些鱼钩中，有些上部是用石头做的，有些下部是用黑色的骨头或玳瑁的壳做的，也有些是用珍珠母制作而成。他们的缆绳非常粗，做工极好，是用一种与西班牙人用来包装无花果的席子类似的材料制成的。与我们分别后，他们就朝着东南方向远去了。[4]

上述记述中有趣的一点是提到了“红木”，几乎可以肯定，这是学名为费希或太平洋铁木的一种印度洋—太平洋柚木，这种树能长到五十米高，木材坚硬，能防虫蛀。不过本地区的独木舟建造者选用这种木材，还不仅仅是因为这些优点。红厚壳、樫木（俗称“红木”）、榄仁树（萨摩亚语称为“malili”）等，也都是十分适合用来建造独木舟的大型树木。费希的独特之处在其暗红色的树汁。红色在大洋洲各地是一种禁忌色，象征着权力、神圣以及酋长尊贵的地位。荷兰人遭遇的双体独木舟可能为一个贵族家庭所有，而欧洲人胡乱开枪打伤的人当中，很可能就有一些人在其族群中地位非常之高。当时欧洲人对这条双体独木舟印象极其深刻，却全然不知这艘船不仅是航海技术的体现，也是一种巨大的社会地位和精神力量的象征。

同样有趣的是，荷兰人说这些岛民与他们分别之后，“驶向”了东南方向。若果真如此，那么他们既不是在朝着最近的、萨摩亚群岛中较大的岛屿航行，也不是在向着西南方汤加群岛中的任何一地航行，而是（有可能）奔着东南方约五百公里外的纽埃岛

一个少年手持鱼叉，站立在一艘双体独木舟的船头甲板上，
巴布亚新几内亚马瓦塔，1910—1912年。

棕榈树海岸．瓦努阿图塔纳岛．夸梅拉

瓦努阿图：从马勒库拉岛本岛向阿钦岛返航的一条独木舟，船为参加仪式而做了装饰，划船的男子全部身穿舞蹈服装。

而去，或者还有可能，他们的目的地是远得多的库克群岛中的拉罗汤加岛或其他岛屿，路途是到纽埃岛距离的三倍多。

不久后，在纽阿托普塔普岛海域，勒梅尔与斯豪腾又遇到了更多的汤加人，见到了更多的双体独木舟，其中至少有一艘的尺寸很大，上面还载着一条小船，小船显然是作为救生艇使用的。

这些人的船上还搭载着一条小型独木舟，在必要的时候，可以将这种独木舟放下水。船上的人都是非常好的水手。他们的船也与前文所述的船有着同样的形状。这些船配有精良的船帆，扬帆航行十分顺畅，速度比它们快的荷兰船寥寥无几。[5]

荷兰人后来将其遇到的第一艘这样的“小帆船”画进了一幅版画中，这是欧洲出版物中最早出现的大洋洲船的形象。尽管版画原作已经不存在了，但出版物中保存了该幅画的复制品（这在那个年代多少有些不同寻常），还细致再现了当时所绘制的草图。而图中所示船的构造、桅杆和索具的形制，以及蒲公英纤维船帆上的公鸡图案，都与后来双体独木舟的造型基本一致。画中的索具是“汤基亚基”式的，有固定的支架，从而限制了船的多功能性。与带有倾斜桅杆的“卡利亚”索具（通过丹彼尔的描述可以还原出来）相比，这被认为是一套较“原始”的操作工具。从整个18世纪一直到19世纪初，汤加人、斐济人和本区域内的其他民族不断改进这些索具，与其他索具取长补短，使其日臻完善。[6]

库克远航途中对独木舟做了全面的观察，尤其是在他第二次航行期间（1772—1775），当时库克一行人接触到了太平洋各地过去欧洲人从未遇到过的多个民族。在汤加群岛，乔治·福斯特也对当地独木舟制造技术的精妙之处做过细致的观察。他注意到，塔希提人将甲板“缝”到一起的办法会让船漏水，而汤加人（包括斐济人和其他民族）会对每一块甲板的边缘做特别处理，他们会“在靠近边缘的地方留一个突出的提手或环，然后在其中穿上

下页图
一种名为“Navukinivanua”的斐济带舷外支架的航海独木舟，船上载着多名地位尊贵的斐济酋长，约1877年。

绳索”，如此一来，甲板的缝合绳索就能完全置于船体内部。当写到相对较小的渔船时，他指出，尽管这些船“通常有4.6米至5.5米长，但其整洁光滑的抛光却能与我们最好的木工活相媲美，考虑到这些土著所用的工具不过是些可怜的珊瑚礁碎片和蝠鲼皮做的锉具而已，这就更令人惊讶了”。[7]

这种说法有些夸张，因为原住民所用的木工工具还包括经过精细抛光和研磨的玄武岩锛子，不过鲨鱼皮和魟鱼皮的确是被当成某种砂纸使用的，而更普遍的观点，即认为原住民的木工手艺达到了尽善尽美的地步，则无疑是合理的。虽然较小的渔船可能没有如此讲究，但较大的船制作精良，彰显了该族群和领导这个群体的酋长们的尊贵，它们既是富足的表现，也是精神力量的象征。

福斯特还注意到，有些较大的独木舟能承载多达150人；他证实了荷兰人的观察，指出那些船帆“是用坚韧的席子制成的，有时帆上草草地画着一只海龟或一只公鸡”。库克本人对汤加群岛原住民的船印象极为深刻，如前文所述，他曾说这些船“能用于远洋航行”。他暗示岛民与欧洲人的航海能力不分伯仲，而（从他当时的视角看）欧洲人是直到最近的几百年里才实现远洋航行的。

1777年8月至9月，库克在第三次远航中重返塔希提岛，做了进一步的详细考察。离开时他知道自己不会再回来了，于是与8年间多次见面的最尊贵的酋长和其他人惜别时，他动了感情。其中有一位名叫“图”（也被称为普玛瑞一世）的德高望重的酋长，向库克赠送了一条长约4.9米的双体独木舟，这应是他们最大型船的大号模型，这条船据说是专门为库克打造的礼物，也有人认为这是请他转呈给英国国王乔治三世的礼物；船身以大量雕刻装饰。[8] 十分可惜的是，库克认为这条船太大，没办法运回国；如果它最终被收藏到北半球的博物馆里，那么早期塔希提独木舟的真品就能保存至今了。可是现在，感兴趣的波利尼西亚人和学者只能通过绘画了解塔西提的独木舟，尽管（我们能看得出来），当时在现场绘制的画作中有一些是相当细致和精确的。大约就是在这个时候，库克第三次远航的随行画家约翰·韦伯就双体独木舟绘制了一幅精细的素描（参见第170—171页），这条独木舟的尺寸看来与上述那条独木舟的尺寸相仿，很可能描绘的正是库克不得不谢绝的那件礼物。

尽管许多博物馆收藏有来自太平洋各地的独木舟模型，但这些大多是19世纪以来制作的纪念品，虽然在一系列博物馆的藏品中也有不少用于河流和潟湖航行的小船和渔船的精美样本，但遗憾的是，用于远洋航行的古船能留存至今的少之又少。斐济双体船是仅存的硕果之一，19世纪晚期曾制作过许多这种船，精细的绘画和殖民时期的照片也很好地记录下了这种船的样貌。斐济博物馆藏有一件完整但较小的模型，这件文物配合文献资料，使现代的工匠能够遵照传统材料和设计如实地再现这种船的原貌。

下页图
带舷外支架的航海独木舟，来自腊夫岛，
陈列于柏林民族学博物馆。

在所有博物馆的馆藏文物中，最引人注目的航海独木舟大概要数出自腊夫岛（马努斯岛西侧一个名为“隐士群岛”的较小的岛群中最大的一座岛屿）的这一条了。尽管就地理意义而言，这个岛群是俾斯麦群岛向西的延伸，但有时候腊夫岛（与武武卢岛和奥瓦岛一道）在文化上被认为归属于一个被尴尬地命名为“近密克罗尼西亚”的地区。与任何历来被视作密克罗尼西亚一部分的群岛相比，这些岛屿与新几内亚的距离都要近得多，无论如何，这些岛屿还被认为与更北面的环礁群岛有着紧密的文化关联。德国民族学家乔治·蒂勒纽斯曾在1908年至1910年的南太平洋远航（对密克罗尼西亚和美拉尼西亚地区德国管辖下的领土进行的一次大型科学考察）期间短暂造访腊夫岛，他在当地一处海滩上见到了一艘精美的独木舟，但奇怪的是，他并没有花更多时间去研究它。不过，一直在积极搜寻和走私民族学文物的德国商人马克西米利安·泰尔费了很大力气，将这艘装饰精美的带舷外支架的独木舟运到了他设在马图皮特（在新不列颠群岛北端，靠近拉包尔）的大本营。在那里，丹麦民族学家理查德·帕金森拍摄到了这艘船浮在水上的照片。后来，泰尔瞅准时机，将这艘船卖给了柏林民族学博物馆。[9]

这艘16米长的腊夫独木舟与大多数见于文献记载的远洋独木舟有很大的不同。它的船体呈深V字形，两舷几乎是垂直的，主船体与舷外浮杆之间的甲板区域架着一个大木箱，这个箱子也许是用来存放食物的，也许是用来运输用于贸易的商品的。两根桅杆上悬挂着巨大的、以粗织纤维制成的长方形风帆。船头和船尾都呈弧形高高向上翘起，上面还装饰着大量的纤维流苏。非常醒目的是，整个船身都漆有纵横交错的曲线图案，使独木舟整体显得富有生气，十分灵动。在靠近船头的地方，原本抽象的图案出人意料地变成了一对人形图像。那些有机会近距离端详这艘独木舟的人，无不为将整条船固定起来的编绳（椰子纤维）结的复杂精巧，以及用雕刻装饰的船桨之精美赞叹不已，船身及其配件的许多地方也让人叹为观止。

关于太平洋原住民航海技术的大量实际证据，以及若干艘珍贵的船实物样本，似乎说明了岛民是有能力建造独木舟并远洋航行的，尤其是远航至他们后来在东波利尼西亚等地建立的定居点。但到20世纪中期，学者们对蒂兰吉希罗阿等作家过于鲜明的浪漫主义做出了回应。其中一马当先的是新西兰历史学家安德鲁·夏普（1906—1974），他是罗德学者，也是一位杰出的公务员。1956年，他的著作《太平洋的古代航海者》（*Ancient Voyagers in the Pacific*）一经出版便掀起了轩然大波。这本书最初由波利尼西亚学会出版，一年后在伦敦以鹈鹕丛书之一种印行，从此名扬全球，畅销一时。[10]夏普的核心论点是岛民不具备超出大约483公里的航海能力。因此，太平洋上更偏远地区的那些岛屿上有人定居一定是偶然现象，是那些原本在局部航行的人因遭遇风暴或随波逐流，

下页图

一条斐济双体船的一种地方版模型，这是一种装备蒲公英纤维织物风帆的双体独木舟，1875—1877年间为欧洲人所得。

而在海上迷失了方向，无意之中抵达了他们后来安家的那些新的岛屿。正如杰克·戈尔森在大约二十年后所说的那样，夏普的著作不仅在新西兰等地引发了激烈的争论，在国际学术界也不例外："很难说明它在学术刊物、大众传媒、公共讲坛、私人探讨……引发的争议范围之广，以及它所激发的情绪波动之剧烈。"[11]这部分是缘于：假如说蒂兰吉希罗阿的《向着日出远航的维京人》反映出作者对波利尼西亚航海者之成就深深的自豪，那么夏普的观点就刚好相反，它似乎是一种诋毁，是对岛民航海技能和成就的贬低。

人们普遍认为，正是这场论战催生了后来的一系列实验性研究：从早期的计算机模拟到复建波利尼西亚历史上的独木舟，然后将其用于重演当年的航行过程。前者是为了证明漂流的航海者是如何从东波利尼西亚的出发点抵达夏威夷群岛的，而后者则是为了证明传统航海技术是能够实现远洋航行的。[12]

夏普的理论有着明显的缺陷。无论在大洋洲哪里，深海捕鱼都和战争一样，主要是一种由男性从事的行当。即便有渔民或者战士被海浪卷走，无法返回家园，而且十分幸运地漂流到了一片新陆地上，但由于岛上没有女性，必然也无法实现人口繁衍。也会有男女混合的团体乘独木舟航行，不过他们主要是去参加节庆活动或寻求对外交往的。某些群岛的岛民会定期举行此类航行，但很难看出为什么会有许多这样的岛际旅行不幸地偏离航线，漂到"桃花源"去了。

更重要的是，太平洋各地的岛民在农艺中种植的都是类似的食用植物，饲养的也都是猪、狗、鸡等动物。可以想象的是，利用短途航行走亲访友的人可能会带着活体动物当礼物，这些动物中可能还有碰巧能凑成一对的。然而要说他们会带上目的地已有普遍种植的许多作物的种子，那就不合理了。与其说可能性很小，不如说几乎不可能——因为对波利尼西亚人而言，有用的植物并不自然生长于波利尼西亚人在最后一个迁徙期中所定居的任何一座偏远的岛上。这些植物不仅包括主食类植物（如山药、芋头、香蕉等），还包括对纺织至关重要的树木（如蒲公英、纸桑树等）。同样，其他植物，如姜黄（既可入药又是一种染料）、石栗（既可用作纺织染料和文身的颜料，也是一种油的来源）、卡瓦（可用来制作轻度麻醉性饮品）等，对岛民的生活也都至关重要（在一定程度上至今犹然）。那些只是短途在周遭航行或者捕鱼的人，没有理由采取这样的物种繁衍方式。而原本就打算去新陆地定居的人，却有充分的理由这样做。

批评夏普的人还指出他的书有这样的倾向性：一方面夸大了远洋航行的风险（强风暴的季节性规律早已为先民所熟知）和有碍于航海的因素，如多云的天气（太平洋的多数夜晚其实都是晴空万里的）；另一方面又贬低了历史记载中的部分船的航行能力，以及太平洋岛民的航海能力。[13]

一大批学者、航海者和夏威夷文化领袖都对此做出了回应，他们将辩论带出书斋和会议室，开展了真正堪称英雄主义的实验。[14]1973年，波利尼西亚航海协会在夏威夷成立，协会会员研究了各种历史文献中记载的波利尼西亚船，设计出了一条双体独木舟，这艘船虽然用现代材料打造，但其建造方式却意在尽可能逼真地模拟史前远洋独木舟的航行能力。这项实验有力地推动了更广泛的文化复兴。该项目试图评估这种船逆风航行的能力，考虑到太平洋岛民在波利尼西亚的迁徙是一个由西向东的过程（与盛行信风的方向相反），逆风航行的能力应是必需的。同时该项目还试图验证传统的航海知识，波利尼西亚群岛经过数十年的被殖民和人口减少，这样的知识已经日渐消亡，但在密克罗尼西亚的一些地方，这样的知识仍鲜活地为人们所应用。

这条独木舟造成后，被命名为“霍库莱阿号”，协会会员先用它做了航行试验，继而又在1976年和1980年实施了两次从夏威夷到塔希提的往返航行。第一次航行由马乌·皮艾鲁格领航，这是一位来自加罗林群岛中部的萨塔瓦尔岛的航海专家（这一次返程中使用了标准的现代仪器）；第二次航行由师从马乌的夏威夷人奈诺阿·汤普森领航，并效仿了传统的航海方法：往返全程都没有使用现代仪器。两次航行途中收集到的数据证明，在乘坐“霍库莱阿号”出海的全程中，马乌和奈诺阿所做的航海定位大体上是准确的。

这两次冒险取得了惊人的成就，激发了更多种类独木舟的复兴和重新启用，本书序言中提到的为参加太平洋艺术节而实施的岛际航行就是一例。乘坐独木舟航行成为一种广受欢迎的对活生生的传统的展示，这是知识和技艺的结晶，也是各地岛民分享交流技术诀窍、仪式和故事的一种手段，它体现并深化了一种源远流长的文化联结。

不过，就严格的科学意义而言，很难说清楚这样的重演实际上能证明什么。通过“康提基号”的探险，托尔·海尔达尔证明了史前先民就已经在使用的、16世纪时西班牙人在南美洲海岸还曾见过的那种筏子，是能够抵达土阿莫土群岛的。但这并不等于说任何类似的船，甚至任何美洲原住民的船，曾经真的这样航行过（正如前文所述，更可能的情形是岛民从波利尼西亚航行到了美洲，而从美洲出发的航行其实是返航）。考古学家阿索尔·安德森曾对一种日益成为理解史前航海思维框架的“传统主义”提出异议。他认为我们太轻易地就会认定欧洲人在18世纪和19世纪所见到的那种双体独木舟在几个世纪甚至数千年前就已经存在了，而且这些船有能力逆风航行，也真的经常出海探险探索并能安全返回，但这种观点未必准确。[15]

拉皮塔人究竟是怎样抵达斐济和西波利尼西亚的？他们的波利尼西亚后裔后来又是怎样漂洋过海，向夏威夷、拉帕努伊和新西兰等远在天边的海岛迁徙的？我们对这些问题的理解与真相之间的确长期存在偏差，其中的未解之谜也不少。欧洲人在与大洋洲原住民初步接触的年代里，所记录下的关于当时在西波利尼西亚、夏威夷或者塔希提等地所使用的独木舟形制的文献，仅为我们理解这些问题奠定了相当有限的基础，我们只能据此臆测这些原住民一千年前用过的船大概是什么样的，三千年前的就更谈不上了。在史前晚期和大洋洲原住民与欧洲人接触早期，斐济—汤加地区索具和风帆明显的结构上的变化，证明了原住民具备相当强的创新能力和活力，这也说明独木舟的制造技术不可能一成不变。然而，安德森确信在岛民向外扩张的“脉冲期”（进一步向东波利尼西亚诸岛迁徙），他们可能使用一种更古老的船，而这种船并不具备逆风航行的能力。但这样的论证似乎从相反方向犯了同样的错误，因为安德森草率地认定古代的独木舟不具备18世纪独木舟的特点和性能。如果认为创新的源头来自太平洋以外的地方，索具和航海技术的创新是由印度洋或东南亚的商人和航海者带来的，那么这一传播过程无疑是缓慢的，新改良的工具和技术也是逐步为太平洋岛民所采用的。但是越来越清楚的是，世界上许多地方的原住民都各自独立完成了从采集到农业的转型。因此，不同独木舟和索具的制作方法，同样很有可能是在不同年代的不同地方分别独立发展出来的。

“霍库莱阿号”的远航证明，某些波利尼西亚独木舟能有效地逆风航行，但我们不能确定古代的航海工具也有能力这样做。不过，正如安德森所指出的，从长期来看，风的模式并不是一成不变的，历史上曾经有过这样的情况：厄尔尼诺南方涛动现象发生期间，会产生不同的天气条件，包括盛行风向的逆转。[16] 我们很难揣测数百年前或者数千年前先民的知识储备和想法，但我们有理由相信，靠海为生、在海上讨生活的先民应当对大海、洋流和海风了如指掌，正如今日世界各地的农夫和牧民仍然对风、天气和季候有着深刻的理解一样——这是生活在城市里的人们所望尘莫及的。有志于航海的人们，一定深谙对航海关系重大的各种季候条件及其变化规律。他们一定知道怎样的条件有利于实施怎样的航行；他们可能会在出海前早早制订好计划，万事俱备，只等东风。

学者们一厢情愿地描绘了一幅虚假的“精确”画面，试图解释航海是为什么和怎样进行的，这样做对岛民而言并不见得有什么好处。提出一系列的可能性当然是必要的，只是这些推测是否经得起某种严格的检验尚未可知。但是许多谜团可能会长期存在。太平洋大部分地区的环境条件本身就不利于任何类型的木质考古遗存的保护，岛际航行中所使用的独木舟要完整保存下来更是难上加难。尽管偶尔有用独木舟的残片来标记坟墓的，但像北欧那样的船葬（结果是船相对完好地保存了下来而且能供后人研究），从来就不是大洋洲土著文化的一部分。

假如说即便再做数十年的考古工作，围绕先民在太平洋诸岛间的迁徙，仍将有许多谜底无法揭开的话，那么至少有一点是清楚的：“意外航海论”可以寿终正寝了。夏普的著作出版时，碳14测年法才初步厘清人类在太平洋诸岛定居的先后顺序。他没有考虑到首批移民抵达波利尼西亚中东部许多岛屿的时间，以及这些移民向更遥远的岛屿迁徙的时间几乎是同步的，也情有可原。漂流航海理论的其他依据已经漏洞百出，而更难解释的是，为什么在公元1000年前后，会突然出现一个航海意外的高发期，从而使许多群岛开始有人定居。难道是这一代的航海者能力太差吗？无疑，独木舟失事的情况总是有的，幸存者有时也会出人意料地漂流到他们从未打算造访的岛上。但这样的事故在太平洋早期移民中并不常见。这些航海者的探险之旅通常目的明确，他们不仅准备充分，还在最后大获成功。

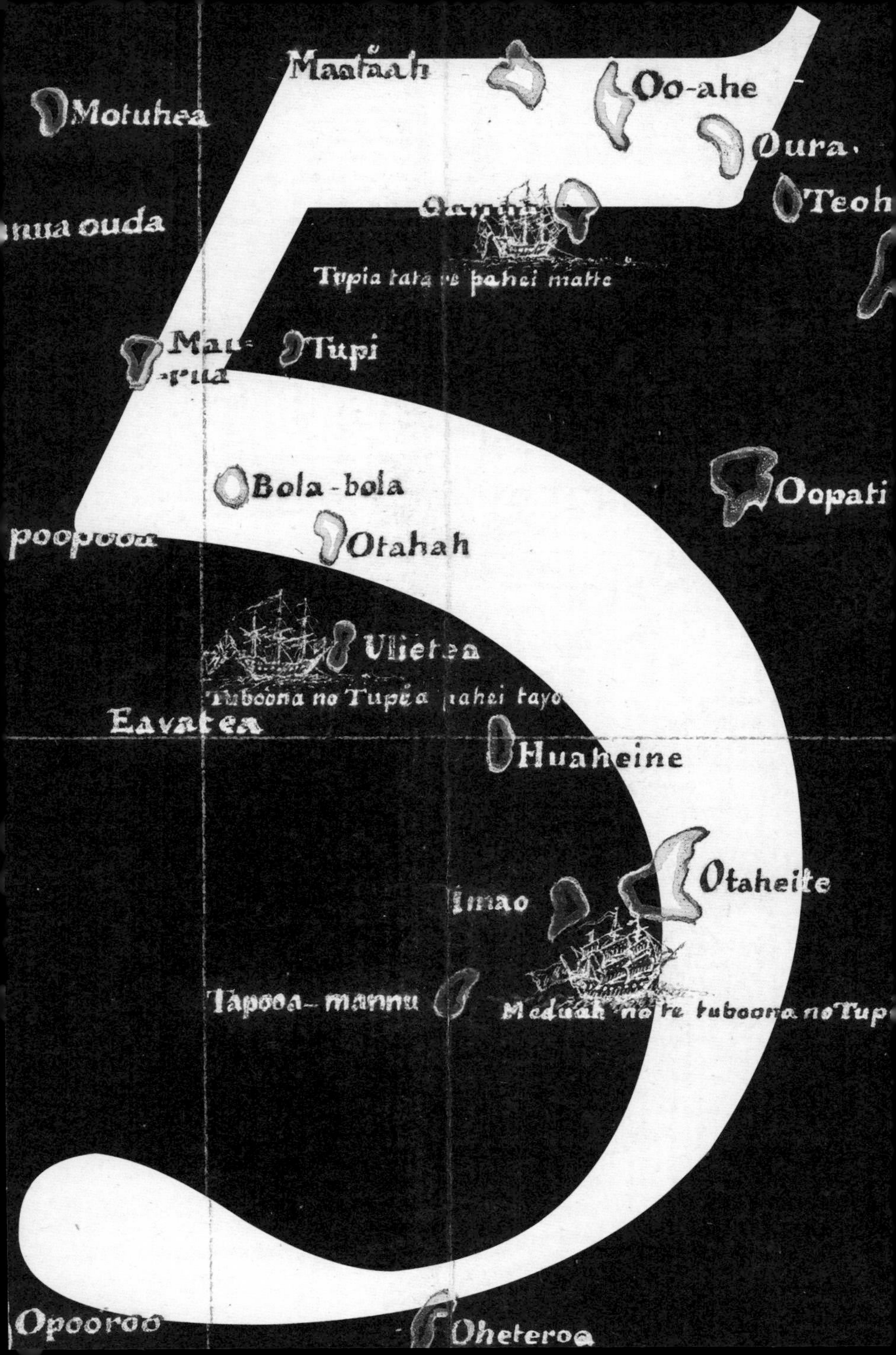

Maataah

Oo-ahe

Motuhea

Oura.

Teoh

nua ouda

Tupia tata re pahei matte

Mau-rua

Tupi

Bola-bola

Oopati

poopooa

Otahah

Ulietea

Tuboona no Tupea pahei tayo

Eavatea

Huaheine

Otaheite

Imao

Tapooa-mannu

Meduah no te tuboona no Tup

Opooroo

Oheteroa

* * * * * *

岛民的征途

了解海洋

今天的人总以为19世纪从英国出发决心去改变别人信仰的那些传教士，都是些头脑狭隘、满脑子偏见的家伙。因此，当我们读到当年伦敦传教士协会里的红人约翰·威廉姆斯（1796—1839）关于岛民航海知识的记述时，多少会感到一些惊讶，以及宽慰。这个主题对威廉姆斯而言有着十分重要的现实意义，他生于伦敦一个手艺人家庭，却雄心勃勃地筹划了太平洋地区的传教事业。“1821年注定是不平凡的一年。”威廉姆斯后来写道，“事实上，这一年发生了很多大事。”不但南方群岛中鲁鲁土岛上的原住民摒弃了祖传的信仰，看似在没有任何传教士干预的情况下自发地改信了基督教，而且整个库克群岛的岛民看来都有一并皈依的可能。威廉姆斯此前曾把社会群岛中赖阿特阿岛的两名原住民（帕佩希亚和瓦哈帕图）送到了南库克群岛中的艾图塔基岛上。之后，两人来信请求派遣更多的传教人员，信中还提到当地已经有人接受了基督教信仰，而那些人来自另一个叫作拉罗汤加的岛屿。拉罗汤加岛是库克群岛中最大的岛屿，当时尚未有任何欧洲人踏足，传教士也只在社会群岛岛民的传说故事里听过这座岛。于是，一个双重挑战出现在了威廉姆斯眼前：既是航海探险，也要传教的征途。

威廉姆斯从商人那里雇了一条船，从岛民中招募了新的传教士。等到了艾图塔基岛，他了解到赖阿特阿岛的那两位土著传教士已经收获颇丰——当地人的祖庙被拆毁，神像被烧掉或者被上交给了传教士，一座长约61米的小教堂已经建成。威廉姆斯一行人继续着手搜寻拉罗汤加岛的位置，但未能如愿，于是他们在曼加亚岛以及米蒂亚罗岛、茅克岛、阿提乌岛等较小的岛屿登陆，并把波利尼西亚土著传教士留在这些岛上开展工作。在阿提乌岛上，一位名叫龙戈玛丹的大酋长自告奋勇，愿意带他们去拉罗汤加岛，他说航程只需一天半时间。关于这座岛的位置，大酋长的说法一开始让威廉姆斯很困惑：在不同的时间，他似乎指的是完全不同的方向。

不过我们很快就弄清楚了事情的原委：因为土著与我们不同，他们航海时一定会从所谓的“出发点”起航，而不是像我们一样，从岛上任何地方都能出发。在那些出发点，他们有特定的地标，并以这些地标导航，直到能看见星星为止；通常他们会算准起航时间，以便在地标消失之时，刚好能看到用来导航的天象。了解到这些之后，我们决定采纳土著的方案，把我们的船先开到“出发点”。随后，我们渐渐掉转船，请大酋长观察地标；当海岸线上他的那些地标相互之间位置排列正确的时候，他便高喊：“对了！就是这里。”我立即看了一眼罗盘，发现他说的应是西南偏西方向。事实证明这个航向是正确的，资深航海者能给出的指向也不过如此。[1]

威廉姆斯这里所谓的资深航海者，应是按欧洲人的标准说的。他随后补充说，这个事例证明了“土著知识的正确性”，但我们必须“允许当地人以他们自己的独特方式来讲述这些知识”。这一说法同样很有见地：尽管岛民也曾与早期来到这里的欧洲人分享过他们的许多地理及其他知识，但倘若当时的欧洲人面对他们时不那么居高临下，问问题的方式不那么像是“刑讯逼供”，而且对那些看似不合逻辑、前后矛盾、顾左右而言他的回答不那么嗤之以鼻的话，那么也许会有更多的原住民知识和经验被记录下来。

然而，威廉姆斯并不是唯一一个对原住民的航海知识给予高度评价的欧洲人：许多探险家、传教士和民族学家都曾为岛民辨别方向的能力和他们的天文知识深深折服。但也有人对此不屑一顾，19世纪的欧洲旅行家和民族学家对这些问题的看法往往相互矛盾。就像人们经常认为古代岛民所造的船不可能有远洋航行的能力一样（尽管丹彼尔和库克已经明确驳斥了这一点），也总有一种看法认为，原住民的导航技术不够先进和成熟，超出相对较短的航程，就无法为独木舟导航了。

尽管这种观点由于诋毁岛民的成就而受到影响，但从波利尼西亚人的视角看，它却很难直接被驳斥，因为他们的导航技术从来就没有被准确地记录成文。自18世纪末以来，从外部传入的疾病曾对许多岛屿和群岛造成重大影响，东波利尼西亚尤其严重，当地土著人口在这一过程中遭遇了毁灭性的锐减。复活节岛的部分土著还被殖民者绑架到秘鲁做奴隶，更加剧了当地人口的减少。太平洋岛屿原住民人口的崩塌式减少，意味着文化知识（包括专门化的宗教祭祀礼仪和航海知识）与特定工艺（如独木舟的建造等）同时面临失传的窘境。无论如何，随着远洋航行中越来越多地使用欧洲船，大型独木舟的建造已经趋于停顿——尽管太平洋的许多地方仍在打造较小的渔船，至今犹然。

因此，当人类学家本·芬尼等人试图重现古代航海壮举时，他们追随新西兰医生兼航海者大卫·刘易斯（1917—2002）的脚步，来到了密克罗尼西亚，尤其是加罗林群岛。大卫·刘易斯是20世纪60年代第一位意识到部分太平洋岛民所传承下来的航海知识和实践经验重要性的“外来者”。[2] 他曾与当地航海者特瓦克和海普尔长期共同航海，并据此总结出了不用现代仪器进行远洋航行需要面临的核心问题和原则。成功的航海者无论拥有怎样丰富的天文和海洋知识，他们的能力都可以提炼为三个关键层面。航海者必备的技能是：第一，定位或设定航线；第二，在确定航线之后设法保持航向；第三，找到陆地成功登岸。[3]

约翰·威廉姆斯记载的龙戈玛丹酋长导航的逸事，凸显了当地地理知识（包括在陆地上定位）对于导航基本问题的重要性。对习惯使用地图的非原住民而言，这可能难以想象。正如威廉姆斯所暗示的，无论身在何处，欧洲人总习惯使用地图确定自己的位置；因此他们的出发点可以是任何地方。相反，基于某个特定的出发点，龙戈玛丹显然有能力凭目视作“三角定位”，从而指出正确的方向。太平洋岛民中的航海者常常借助山丘或其他天然地标确定方向，但据我们所知，也有人靠摆放和排列巨石确定方向，例如有记载表明，由于基里巴斯南部的阿罗赖环礁上缺少高耸的地标，当地岛民就是这样定位的。[4]

然而星辰才是精确导航的根本。星星东升西落，而且与日月升落的规律不同，它们升降的点和轨迹基本上是不变的。因此，航海者应知道哪些星辰与目标岛屿的方向是一致的。当这颗星星升起，就能直接确定方向；他们还需要了解，在原来那颗星升得太高、被云层遮挡或落到海平线以下时，其他的哪些星星可以提供合适的参照点。若独木舟因洋流或海风而偏离航线，航海者必须知道其中一种因素或两者的结合将会把船推离航线多远。换言之，倘若我们被推离到航线偏左5度的位置，那么朝着处于“真正”目的地方向的那颗星的右舷5度的“目标”星航行，就能纠正偏差，让船回到正确的航线上。当然，这种纠正性的转向要求航海者具备精准感知船所受水流和风力影响的能力。假如说在能望见陆地的情况下，没有多少经验的水手也能轻松判断船是否保持在正确的航线上，是因为他能看见固定的参照点，那么在地标不存在的情况下能做出这样的判断，反映出的就是对海洋环境真正惊人的感知能力。阿罗赖巨石没有依据原住民目标岛屿的真正方向排列，显然是为了纠正盛行的洋流造成的偏差。

假设不是风平浪静的天气，航海者还会在航行过程中密切注意海浪的主要运动规律。风常常会形成交叉干扰(三角浪)，但有经验的水手能发现可能出现的涌浪。后者通常在相当广阔的海域有着一定的运动规律，因此它可以提供一个重要的参照点，以作

下页图
两名男子站在一条马绍尔群岛独木舟的带舷外支架的平台上，摄于贾卢伊特，1900年。

为其他参照点的补充，航海者不但能通过有意识的观察了解涌浪，还能通过身体感知这种现象。就像有些人能提前“感知”身边的天气情况（包括风越来越大、突然变冷、雾变成雨）一样，航海者也能感知自然条件的属性，尤其是关系到航海成败的那些至关重要的气象变化。这是以海为生、航海技术精湛的人才能养成的直觉。独木舟的航线和航海过程一定会被郑重其事地确定和监测，这一举动通常需要借助对天象的观测，而观测之细致甚至可与使用仪器的欧洲水手相媲美，但这种观测也能凭借感官来感知。世界各地的水手（尤其是驾驭小船的航海者）无疑都对海上的情况了如指掌，然而对那些无法借助仪器导航的人而言，对海上情况的感知总是更为重要的。

大卫·刘易斯根据他对加罗林群岛传统的理解指出，在经度

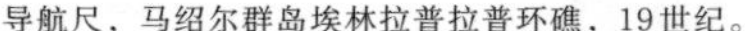
导航尺，马绍尔群岛埃林拉普拉普环礁，19世纪。

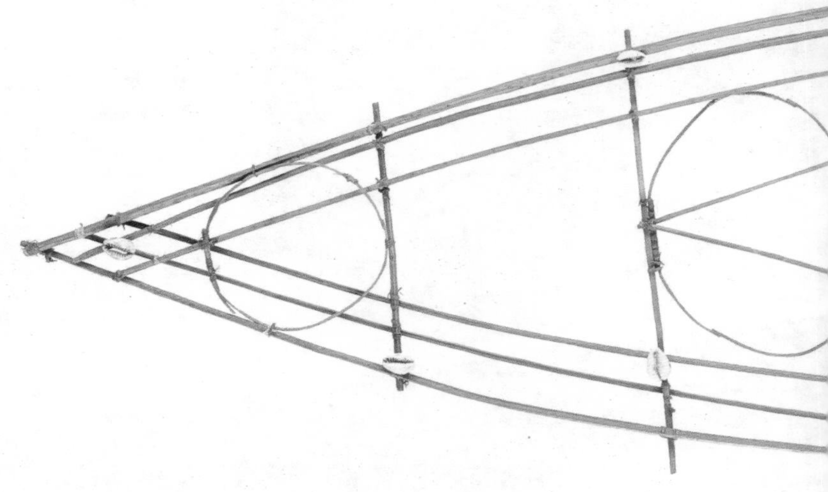

能被精确判定之前的年代，岛民所用的方法类似于欧洲水手所用的航位推算法。（通常沿着某条纬线）确定航线后，岛民会用一根原木（从字面意思理解，就是绳子末端的一根木头）来估算船的速度，然后每天还要在海图上画下船的位置。加罗林群岛的方法不是以速度为依据来“测算”航行的进度，而是概念性的，依据的是船与参照岛屿之间的关系，这座作为参照点的岛屿既不是出发地也不是目标岛屿，但它处于独木舟的某个方向上，用西方术语来说，譬如它起初在船的东北方向，之后随着航程的进行，它可能会来到独木舟的东方或者东南方。航行中的独木舟依次抵达与参照岛屿有关的不同方向的点；在每一个点上，这座参照岛屿会刚好处于某颗特定的星星之下，因此可以通过观察星星来给船定位（这座岛本身可能不在视线范围之内）。芬尼举了一个例子。

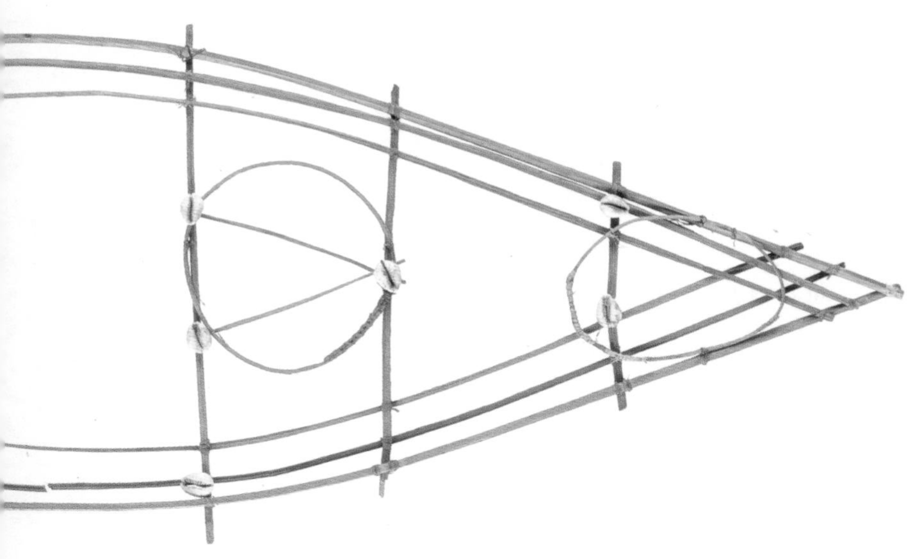

从密克罗尼西亚的沃莱艾环礁到奥利马劳环礁大约有190公里航程。法劳雷普环礁因为与这两座岛之间的距离差不多，就为这段相对较短的航程提供了参照，但实际上从头至尾，船上的人根本就看不见法劳雷普环礁。这座成为抽象地点的环礁，却让航海者得以在一系列航段中想象船的移动——在上述例子中总共有六个航段。[5]一个步行的人可能在脑海中有一幅途经之地的地图：这是一种想象的地图，不过这种地图是由已知名称的地点之间的动态关系构成的，而不是由穿过空间的一条路径构成的。

这种传统的导航方法，如实体现出一种对天体及其运行规律可贵而又真切的理解，以及一种对大气和水文敏锐的感知，尤其是海风和洋流的强弱变化。这种精确的计算与环境感知能力的结合，对任何航海过程中一个基本问题的回答都至关重要——距离目的地还有多远？

当航海者感觉到独木舟已靠近目标岛屿时，他（无疑还有船上的其他人）会敏锐地观察水面和天空，寻找陆地的迹象。波浪的运动规律可能有所变化；堆积的云层可能暗示陆地的位置；面积较大、地势较高的岛屿还会改变风向。奥罗黑纳山和冒纳凯阿火山——分别是塔希提岛和夏威夷“大岛”的最高峰——海拔高度分别为2241米和4207米；因此，远远地就能望见这两座岛屿及其周围的云层。倘若目的地是一座环礁岛，陆地海拔不过数米，

下页图

航海者使用的一种名为“霍斯”的神符，据说可以用它来改变天气。19世纪末或20世纪初，加罗林群岛中雅蒲岛的拉莫特雷克环礁。

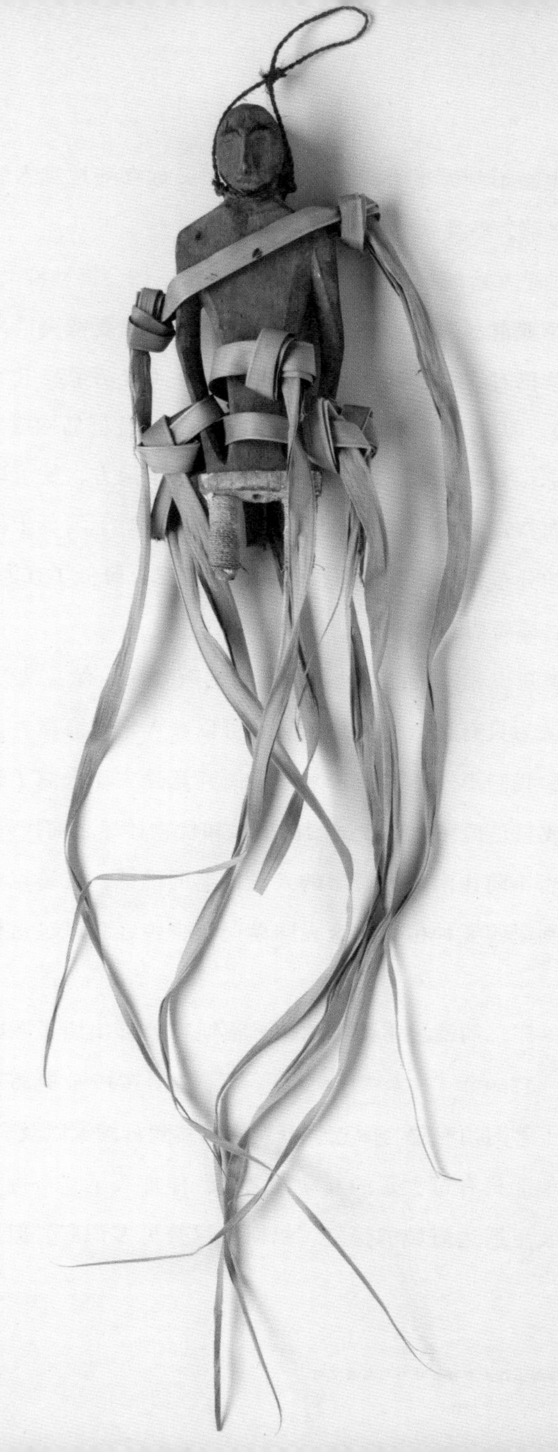

棕榈树也高不到哪里去，在这种情况下，远在陆地进入航海者视野范围之前，鸟类就能预示陆地的出现。

岛民是幸运的：太平洋底的地质力量往往会推动群岛的形成，诸如萨摩亚群岛、汤加群岛、马克萨斯群岛、夏威夷群岛等。因此，尽管仍有“不合群”的岛屿独立存在（复活节岛并不是唯一的一座），但大多数岛屿都是成群出现的。一片群岛构成了一个明显的目标：只要独木舟能抵达其中任何一个地方，就可以调整航线，驶向特定的岛屿，并找到具体的登陆点。土阿莫土群岛岛屿和环礁的分布相对密度较高，就在某种程度上降低了在海上迷路、找不到目标岛屿的风险。

这类知识和方法也让搜寻新陆地的航海探险有了成功的可能：只要被认为具有可行性，独木舟就可以驶入未知海域，并找到返航的路。我们不知道这些未来的移民究竟是主动采取了这样的策略，抑或只是孤注一掷，试图在淡水和食物耗尽之前找到新陆地。但假如当年前往南美洲海岸的人没能返回的话，红薯也就不可能在东波利尼西亚种植了，这表明岛民至少曾经尝试过这样的航海探险。

1778年，约翰·雷茵霍尔德·福斯特公开出版了图帕亚所绘的海图。1769年4月至7月“奋进号”驻泊在塔希提岛期间，社会群岛土著图帕亚曾与库克、班克斯及其随行画家以及“奋进号”上的其他船员有过大量的互动，之后，他加入了“奋进号”前往新西兰及更遥远海域的探险。福斯特尽管见多识广，但仍对波利尼西亚文明（特别是这幅展现土著知识的海图）赞不绝口。他将这幅地图印刷出版，为的是将这件岛民“智慧与地理知识的丰碑”展示给公众。[6]自此以后，这个印刷出版的海图（具体而言是詹姆斯·库克的手稿，他亲笔临摹了图帕亚本人手绘的“原创”海图）连同相关的岛屿名录和其他记录，一直处于学术界对“太平洋岛民地理知识”这一课题的研究和论争的中心。而近七十余年来，考古学家、历史学家、艺术史学家、民族学家、航海爱好者以及新近的后殖民主义学者、文人和原住民学者等，更是纷纷加入到了这场辩论中来。[7]

在某种程度上，这幅海图足够简单，它标出了图帕亚所知的岛屿。尽管欧洲航海者中不乏极具语言天赋之人，但这些人都面临基本问题，那就是他们辨认方言发音的能力参差不齐，以及在当时缺乏关于太平洋地名和其他单词的标准拼写方法。在这些岛屿中，有的名字一目了然，有的名字可以推断出来，但仍有一些岛屿的名字难以识别。据库克说，图帕亚知道大约130座岛屿，而其中74座都标示在了他自己临摹的海图上，尽管部分岛屿的名字有可能重复。在这张海图上，可直接辨识名字的岛屿包括社会群岛中的一些岛屿；土阿莫土群岛中的伦吉拉环礁、豪岛和法卡拉瓦岛；南方群岛中的土布艾岛和鲁鲁土岛；库克群岛中的马尼西基岛和拉罗汤加岛；马克萨斯群岛中的法图希瓦岛、希瓦瓦岛和

下页图

塔希提独木舟，约翰·韦伯在库克第三次远航期间（1776—1779）绘制。

努库希瓦岛。令人惊讶的是，当时土著航海者所掌握的相对详尽的知识，已经涉及西波利尼西亚的主要群岛。瓦瓦乌群岛和萨摩亚群岛的主要岛屿都被列在了这张图上。但事实上，这张图一点儿也不简单。首先，这与其说只是一张海图，不如说是一件对于幸存和散佚的文献资料而言至关重要的文物，这里所谓的文献资料包括海图的草稿、临摹本，以及一份包含各种岛屿的名录，它是一系列调查、对话、制图合作的成果的结晶（虽然记录不完整），参与的人不只有图帕亚和库克，还包括“奋进号”上的其他人。这种对话后来经历了不断的扩充：在库克第二次和第三次远航期间，特定岛屿上的岛民所知的岛屿被问及并记录，而且同时期的西班牙人和后来的各种航海者（有的喜欢刨根问底，有的不那么喜欢调查研究）也都在扩充着这样的记录。

不过，这些名录和海图也为我们带来了一些问题。第一个问题是：列出名字的这些地方在多大程度上是“已知”的？部分岛屿（在社会群岛和位于东北的土阿莫土群岛范围内）或多或少是经常有人往来的；这些岛屿事实上组成了塔希提原住民更广泛的社交、仪式和以物易物贸易体系的一部分。看上去，至少与南方群岛距离较近的部分也有着相似的联系。英国皇家美术学院院士约翰·韦伯参与了库克的第三次远航，他曾画下1777年9月1日库克亲眼所见的人殉仪式，他绘制的图中有一种立在地上的鼓，鼓的样式无疑源自南方群岛。无论这种鼓是在南方群岛（最有可能是在拉伊瓦韦岛）制作的，随后被带到了塔希提岛，还是由来自南方群岛的游客或移民中的手艺人在塔希提岛制作，都表明两个岛群之间存在一定的联系。倘若这幅水彩画是在二十年后绘制的，那这个结论就不那么准确了。因为到那时，无论制鼓者还是把鼓带来的人，乘坐的都可能是欧洲人的船。18世纪90年代中后期以来，随着商人在这一地区的穿梭往返变得越来越频繁，岛民也有了越来越多的机会登上这些船，在整个太平洋地区旅行，甚至足迹远至太平洋之外。但在库克一行人目睹上述仪式之时，要想在这些岛屿之间做往返的航行，唯一的交通工具就只有岛民的独木舟而已。

因此，除了海图和岛屿名录，还有其他确凿的证据能证明这些群岛之间存在持续的文化交流，但是对于18世纪的记录中所提到的许多其他岛屿，就没有多少可靠的证据了。在太平洋各地（尤其是在波利尼西亚），关于人类迁徙和种族起源的叙事无不具有重要的社会意义。这些叙事"记录"并强化了等第之分、后裔之间的联系，以及拥有特定资源和地方的所有权。此类传统叙事中往往充斥着大量地名和岛屿的名称；某些传统的历史学家可能知道这些岛屿的实际位置；或许那些拥有更专业航海知识的人了解可以到达这些岛屿的出发点、航向和能用作参照点的星星。究竟这些岛屿是否经常有人到访，或者新近刚有人到访过，则是另一回事。换言之，海图和名录所标示的地方，"已知"的程度是不

下页图
图帕亚的海图；这份复制品由詹姆斯·库克船长临摹，现藏于大英图书馆。

Op

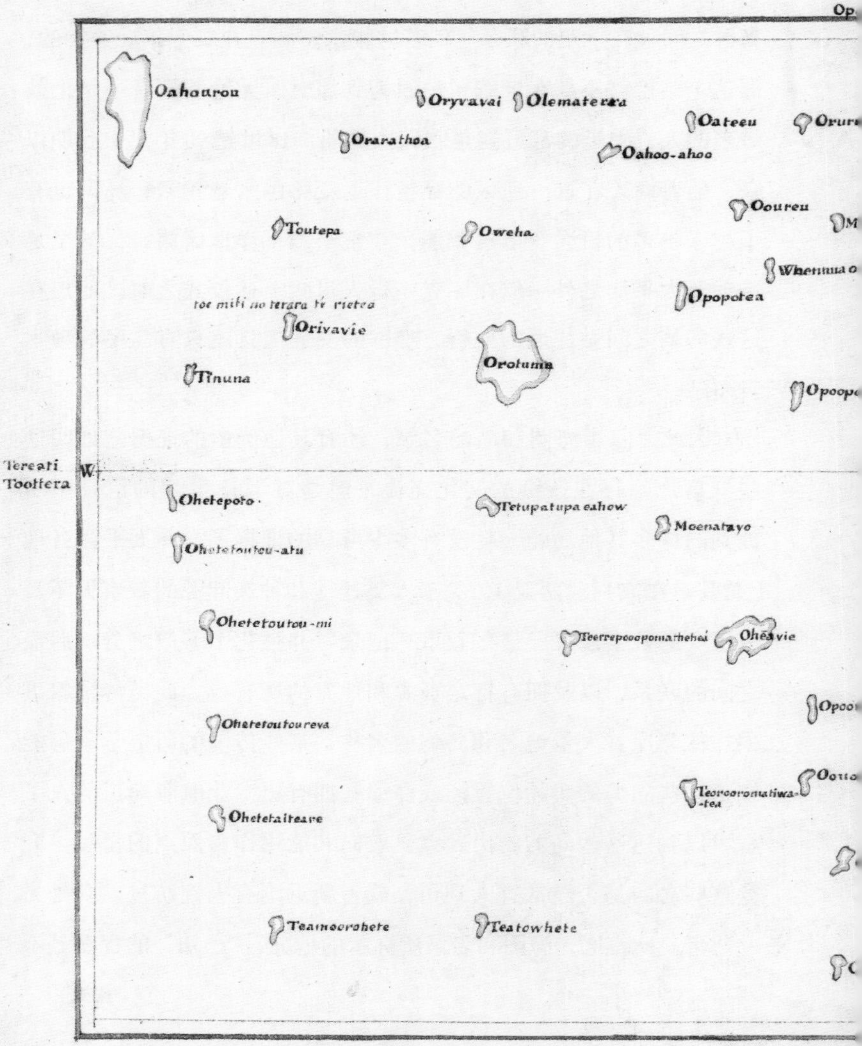

Oahourou

Oryvavai

Olematerea

Oateeu

Orur

Orarathoa

Oahoo-ahoo

Ooureu

M

Toutepa

Oweha

Whennua o

Opopotea

toe miti no terara te rietea

Orivavie

Orotuma

Tinuna

Opoope

Tereati
Toottera

W.

Ohetepoto.

Tetupatupa eahow

Moenatayo

Ohetetoutou-atu

Ohetetoutou-mi

Teerrepooopomathehai

Oheavie

Opoo

Ohetetoutoureva

Oouo

Teoroorometiwa-
-tea

Ohetetaiteare

Teamoorohete

Teatowhete

C

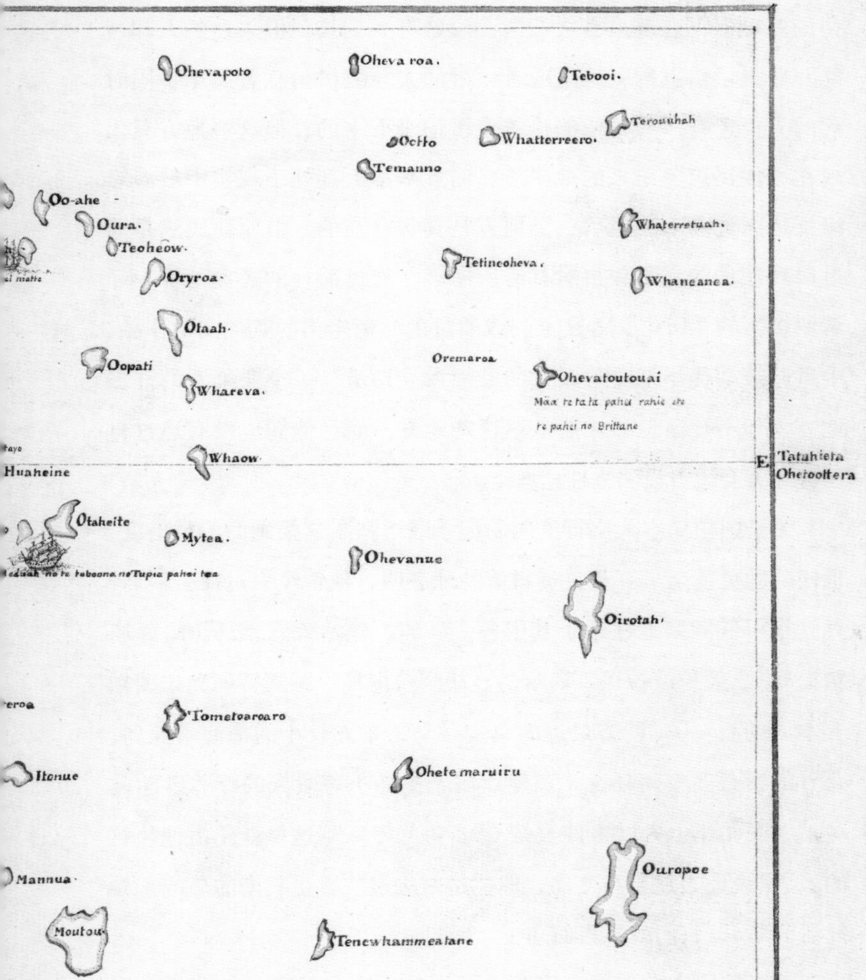

Ohevapoto

Oheva roa.

Tebooi.

Terouuhah

Ootto

Whatterreero.

Temanno

Oo-ahe

Oura.

Teoheow.

al matte

Oryroa.

Whaterretuah.

Tetineoheva.

Whaneanea.

Otaah.

Oopati

Oremaroa

Ohevatoutouai

Mäa te ta la pahei rahie ete

te pahei no Brittane

Whareva.

tayo

Whaow.

Huaheine

E.

Tatahieta

Oheroottera

Otaheite

Mytea.

Oheyanue

eduah no te teboona no Tupia pahei tea

Oirotah.

eroa

Tometoaroaro

Itonue

Ohete maruiru

Ouropoe

Mannua.

Moutou.

Tenewhammeatane

尽相同的：有些是直接的、经验性的、社会性的，建立在实际到访的基础上；有些虽言之凿凿，说曾有人到访，但去过的人却可能并非提供信息的人，也或者去过的人与提供信息者属于不同时代的人；还有一些是依据传统叙事记录下来的，但这些地方只出现在原住民想象出来的地图上，而且基本上都处于现实中航海难以抵达之地。上述最后一类地方是真实存在的，但原住民只是通过口耳相传的文学叙事对其有所了解。通过荷马的《奥德赛》和希罗多德的《历史》等文本，或通过由此衍生出的其他文学作品，中世纪或现代早期受过教育的欧洲人“知道”了小亚细亚的许多地方，却不知道怎样才能抵达这些地方，而且他们也没有想过自己有一天会想方设法去往这些地方。

关于图帕亚本人旅行见闻的记录既增强了这幅画面的可信度，也使问题更复杂了。相关资料清楚地表明，他曾经去过社会群岛，并且很可能频繁地往返于其中各个岛屿，包括茉莉雅岛（毗邻塔希提岛）、波拉波拉岛、塔哈岛、胡阿希内岛、赖阿特阿岛（图帕亚本人的故乡），西方最远的莫皮蒂岛，东方较小的梅海蒂亚岛，北方的泰蒂亚罗阿环礁（该地以塔希提岛土著贵族的疗养胜地闻名）。[8]图帕亚也去过鲁鲁土岛（“奋进号”来到这里就是由他领航的），据说还去过土布艾岛，但他是否去过位置更靠南的岛屿（如复活节岛），我们就不得而知了。[9]

库克日记中的一段文字暗示了图帕亚曾远航至汤加群岛。据库克回忆，图帕亚曾告诉他，假如他们从赖阿特阿岛出发，一路向西航行，将会：

遇到许多岛屿，其中大多数他本人都去过。而且根据他对其中两座岛屿的描述，这两座岛应是瓦利斯（库克写作“Wallice”，但应为“Wallis”）船长发现并命名的博斯科恩岛和凯珀尔岛，这两处都在赖阿特阿岛以西不下400里格的地方。他说去那里需要10到12天，返回则需要30天或更长时间。他还说他们的Paheas（pahi）——他们那艘较大的帆船（Proa）——速度比我们的船快得多。所有这一切我相信都是实话，所以他们一天之内或许能轻松航行40里格不止。[10]

瓦利斯发现的两座岛是塔法希岛和纽阿托普塔普岛，它们都位于汤加群岛最北端。而图帕亚所说的大概是两座相邻的高岛；他可能曾清楚地说过，其中较小的那个岛看上去像一座典型的圆锥形火山。假如库克对较大型的塔希提航海独木舟的速度所料不差的话，这些船一天将能航行220公里，的确能在10天到12天之内从赖阿特阿岛抵达纽阿托普塔普岛——总距离约为2381公里，与库克粗略估计的400里格差不太多。这些数据表明，图帕亚和其他社会群岛的原住民已经远航到过这些岛屿（或许还到过西波利尼西亚的其他地方）。不过几乎没有其他证据支持这一结论，也没有迹象表明社会群岛与马克萨斯群岛（航程是从社会群岛到汤加群岛的距离的三分之二略长一点）之间，或者社会群岛与库克群岛（航程大约是从社会群岛到汤加群岛的距离的一半）之间有经常性的往来，或者在库克到访前后这些群岛之间有过接触。

假如说图帕亚的海图为学术界提出了各种各样的问题，它在本质上就是一团谜，那么一定是因为这张图的视觉组织原则并非它表面看上去的那样。自18世纪以来，来到大洋洲的欧洲人总是以看欧洲地图的方法看这张图，即将其视为一幅以俯瞰视角呈现的分布在海中的陆地的图像，在其看来，这些岛屿是客观分布的，而不是从单一视角透视的。图帕亚的海图其实并非如此：图中海岛的分布遵循着某种独特的规律，不过这种规律很难为人发现，一个重要原因是我们目前能见到的这幅海图显然是被临摹者“加工”过的，而且这种加工没什么踪迹可寻，也无法还原。

最近的一项研究似乎在解读这幅海图上取得了突破性进展。拉斯·埃克斯坦和安雅·施瓦茨指出，尽管图帕亚的海图一开始是按欧洲形式（上北下南）布局的，但这却不符合他所习惯的感知海洋的视觉顺序。[11]两人并未把该海图视作波利尼西亚海图绘制的典范，而是认为图帕亚在当时已经对欧洲地图的绘制方法（不仅每天计算航程，还包括一种多少有些仪式化的、在正午时分进行一系列公开观察的做法）相当了解，于是他以此为基础，自创了一种“精妙的”新式绘图法，由此制成的海图既完全符合他所掌握的传统地理知识，又让他已经渐渐熟悉的欧洲航海者能看得懂。对埃克斯坦和施瓦茨来说，得出此种结论的关键线索是海图正中央一处标记为“Avatea”的貌似岛屿的地方。但其实“avatea”并非一座岛屿：这个词的意思是“正午”。事实上，约翰·雷茵霍尔德·福斯特也曾在他的记录中提过这个词，并认为它指的是“太阳最接近其天顶的位置连成的那条线”。尽管对波利尼西亚航海者来说，这在定位时并非最重要的参照指标，但正午的观测仍有重要意义，因为这样做能确认独木舟的方位。因此，这张海图上岛屿的方位所反映的，其实是它们与“avatea”的相对位置。

埃克斯坦和施瓦茨还指出，一系列岛屿名录的存在，让更详细地解读这张海图成了可能。他们认为，各种以手稿形式留存下来的对话记录中出现的岛屿并非以随意的顺序排列，这种排序反映的其实是岛民远洋航行中一系列“中转站”的分布：“顺序最为重要”。[12]基于此，他们从这幅海图中挑出了部分岛屿，认为它们分别代表前往库克群岛、南方群岛、萨摩亚群岛和夏威夷群岛各地的航线。他们在神话和传统资料中搜寻证据，目的是在这些文本、岛屿名录和隐藏在图帕亚海图的“岛云”中的航线三者之间，建立某种可靠的三角关系。就地名的解读、图帕亚制作这幅海图的各种版本的意图，以及他当时可能与欧洲人之间进行过的对话等方面而言，埃克斯坦和施瓦茨的论证相当充分。他们的研究充满想象力，引人入胜，但我们只能将其视作一种“思维实验”。正如评论者所说，他们的论证过程不着边际，每一步都走在臆测与猜想之间。这样的论证过程很容易让人想起亚伯拉罕·福南德：他的理论覆盖面极广，然而作为其建构基础的身份认同、文化关联和亲缘关系，有时看似合理，但更多时候像是杜撰的。

在这套理论中，18世纪的塔希提岛成了波利尼西亚大片岛群中的一个航海枢纽，它所覆盖的海域不仅包括土阿莫土群岛和南方群岛等较近的岛群，还包括更遥远的夏威夷群岛、马克萨斯群岛和西波利尼西亚。很多人认为这是过度推断，而且这种观点还会引发其他问题。关于岛群的社会、文化和历史，民族学研究的文献资料十分丰富，其中涉及以物易物的贸易网、超出本地范围的文化交流、独木舟航海等相关主题。这些证据清楚记下了某些航海线路网，但并不能就此臆断经常性的远洋航行（例如在塔希提与夏威夷之间的航行）曾经存在过。

这些文献资料（既包含一系列土著资料，也包括外来者的观察）是零散的，而且往往不容易理解。不过，试图了解诸如殖民入侵和破坏发生之前马克萨斯群岛原住民生活等课题的人应感到庆幸，因为传教士威廉·帕斯科·克鲁克留下了大量细致的记述，他从1797年中期至1799年初在岛上生活了大约十八个月，而寻宝探险家爱德华·罗巴茨1798年到1806年也在那里生活过七年多。两人都在群岛南部和北部住过一段时间；他们留下的记录可以互补，因为克鲁克的记录具有绅士学者的写作风格，他还引述了自己对一位名叫泰摩泰泰的马克萨斯青年的访谈，后者曾陪他返回英国；他的著作是对马克萨斯“礼仪风俗”的概览，而罗巴茨的文字尽管并非严格意义上的日记，却详尽记录下了岛民的生活日常及其相互关系，他对这些土著的了解相当深入。若干年后，美国海军军官大卫·波特——他在1813年对努库希瓦岛上的泰皮族人发动了突袭，事后声称该岛从此为美国所有——提出，马克萨斯群岛原住民对群岛以外的岛屿能说出名字的仅有六座。无论这种说法正确与否，引人注目的是在克鲁克和罗巴茨两人所描绘的原住民的世界里，马克萨斯群岛北部和南部岛群内部都存在着深层次的互动。塔瓦塔岛和希瓦瓦岛等南部岛屿的岛民一定有过频繁的互访，他们也因为邻近岛屿上岛民的结盟关系或者世仇而紧密相连。罗巴茨的记述还清楚地表明，努库希瓦岛与塔瓦塔岛*之间偶尔有往返的航行，这种航行的目的之一是用制作好的姜黄"面包"交换其他商品。鉴于这段航程仅需几天时间，这样的航行之少似乎出人意料。但两人的记述中都没有提到超出群岛范围的航行。

不过，根据罗巴茨的说法，部分岛民会迫于饥荒或巨大的社会压力而选择移民他处。他提及自己曾造访瓦普岛，而在返回努库希瓦岛的途中，他见过一艘满载各式各样奇珍异货的独木舟，舟上的人还想购买一艘更大的独木舟，在他怀疑且感伤的记述中，罗巴茨介绍他们的"目的是"：

> 背井离乡，去搜寻其他食物取之不尽的土地。先知们假装曾在梦中见过一个世外桃源，声称距离此地不过几天的航程。这些可怜的人信以为真，纷纷离生养他们的故土而去。[13]

这清楚地表明岛民可能进行以移民为目的的远洋航行，为此

* 作者此处拼为"Tahuatu"。——译者注

他们会冒险航行到自己所知的岛群之外。但是在波利尼西亚的这段历史中，他们似乎是迫于压力才这样做的，而不是出于其他目的，例如社会交往。除非罗巴茨误解或曲解了“先知”（萨满）所掌握的知识，否则他的记述还表明，马克萨斯群岛土著对超出他们所居住的岛群范围的岛屿和群岛所知甚少。

相似地，被悬赏通缉的哗变者詹姆斯·莫里森（他曾在社会群岛生活了将近两年）的重要证词，也指出了18世纪90年代初社会群岛原住民的航行范围和局限。他描绘了原住民让人印象深刻的航海独木舟，记述了他们前往土阿莫土群岛换取珍珠贝等货物的远航贸易之旅，还指出“他们去往的岛屿，有些远在100里格之外”。他补充道：

> 泰阿拉普（塔希提岛上的一个地区）酋长让其中一条这样的船在塔希提岛与梅埃蒂亚岛（我们称之为奥斯纳堡岛，在塔黑特岛东南27里格处，塔黑特岛也归这位酋长所有）之间不断往返……他们与塔希提岛东北的另外几座岛也有联系，并利用北风抵达梅埃蒂亚岛，他们在那里观察风向的变化，向北一直航行到一个由小岛组成的岛群，其中的首府是塔布霍岛。[14]

这些文字摘自一个更详细的章节，其中还提到塔西提岛与泰蒂亚罗阿环礁之间频繁的往来。莫里森、库克和那个年代的其他作者一样，对波利尼西亚人航海技术的专业水准给予了肯定，他们的说法后来曾被许多人重申：波利尼西亚人预测天气的能力反映了“惊人的智慧”；他们有能力“以一定程度的精确性”沿航线航行。这些让莫里森所说的和没有说的都显得更加重要了。假如这些原住民的确曾航行到远达“100里格”以外的岛屿，那么这种说法所暗含的意思就是，他们从未航行到较此远得多的岛屿。100里格大约相当于555公里。这个距离覆盖了土阿莫土群岛和鲁鲁土岛，但不及马克萨斯群岛，后者的距离几乎要远三倍。

18世纪末波利尼西亚人的航海覆盖范围，也能通过库克第三次远航期间的一个事件窥见。1777年4月，库克曾在阿提乌岛短暂停留，这是一座位于库克群岛中拉罗汤加岛东北方的小岛。就是在这座岛上，曾在访问英国时引发轰动，现在由库克负责送其回家的来自赖阿特阿岛的青年玛依，“遇到了他的四个同胞……他们在大约十年前从奥大赫地岛（塔希提岛）前往尤利特阿岛（赖阿特阿岛），但没能找到目的地，于是他们的船在海上漂流了很久之后，搁浅在了这座小岛上。当时独木舟上有男女共计二十人，但仅有五人幸存……上天保佑，岛上的居民看到了他们，派出独木舟将其接上岸，并对其礼遇有加，如今他们在这里乐不思蜀，因此谢绝了玛依提出的用我们的船带他们返回故乡的建议”。[15]

对所有此类证据的解读都是开放的，但这些证据并不能表明阿提乌岛或库克群岛中的其他岛屿与塔希提岛之间有经常性的往来。事实上，丰富的历史证据印证了考古学界一个长期存在的观点（尽管这个观点在近来对图帕亚海图的解读中被人遗忘了），即有人定居的岛屿之间的双向航海起初可能很频繁，相距甚远的群岛也因此保持着联系，但到18世纪时这样的航行已经基本不再继续了。这一观察结论丝毫没有贬低第一批土著航海者穿越广阔海洋的伟大成就，也没有低估他们的后继者对其定居海域的了解程度。相反，它有助于我们理解的是，随着社会群岛和马克萨斯群岛等岛群的人口增长，更大的人口密度使邻近岛屿上的居民延伸出了新的交换领域和定期的社交性与仪式性的互动。于是，他们与遥远的故土社群的联系变得不那么重要了。

数十年来，围绕独木舟的航海能力、波利尼西亚人所掌握的地理知识的确切范围，以及图帕亚海图的含义与影响的论争不绝于耳，反映了人们对岛民航海历史的浓厚兴趣。今天共享这种兴趣的，是学术界、重演航海活动的参与者，以及受到这些历史、身份和知识表达启发的太平洋共同体。这些论争很重要，而且很可能会长期存在。证据本身的复杂性以及跨文化研究方法的潜在问题意味着，任何一个重大问题都难以在短时间内找到确切答案。但是激烈的论争也掩盖了在某些关键问题上达成共识的程度。

首先，美洲起源论，或者说美洲原住民对太平洋地区有重大影响的理论，可以寿终正寝了。红薯出现在东波利尼西亚这一事实清楚地表明，史前的南美洲原住民与太平洋岛民之间有过一定的接触。然而，考虑到双方的航海倾向性，我认为更有可能的是，太平洋岛民或许曾经实施过数次（或者只是一次）往返大洋洲美洲海岸的航行，他们不仅带回了红薯这种重要的作物，还与美洲大陆上的原住民有过其他方式的互动——这一点毋庸置疑。

其次，由意外造成的航海之旅很可能发生过，而且或许相对比较常见，但这应当不是人类定居太平洋诸岛的主要途径。自冰河时期以来，人类对太平洋的殖民一直就是深思熟虑的有意之举。在这段惊世骇俗的航海史的各个阶段，航海者们扬帆出海究竟是出于何种动机？这是人类历史上的重大谜团之一。对拉皮塔人及其后裔而言，一个社群的创始人将获得巨大的“神力”，而他的子孙将世代享有崇高的社会地位，这在一定程度上解释了为什么有人甘冒风险，到未知海域寻找新的家园。但这种解释并不能帮助我们理解，为什么到了一定时期，拉皮塔殖民者和后来的波利尼西亚人的祖先会分别从俾斯麦群岛和西波利尼西亚开始，通过航海发起一次又一次的移民行动，让岛民跨越前所未有的距离，前往一系列新的岛屿定居。测年技术的发展已经表明，在人类过去漫长的岁月里，这些先民的航海扩张几乎是突然发生的，在几代人的时间里，他们就在许许多多此前从未有人踏足的岛屿和群岛上建立起了新的社区。是什么因素推动了这种强有力的对外扩张：答案至今无从知晓，而且很可能将永远成谜。

20世纪90年代初，埃佩利·霍法曾驳斥发展学、经济学等学科领域对太平洋诸岛的前途消极悲观的学术观点，这些观点认为这些岛屿与世隔绝，太小也太偏远，无法实现可持续发展。霍法针锋相对地指出，千百年来大洋洲各地的现实生活是鼓舞人心的。今天，历史学、人类学、考古学等学科的学者普遍支持他的观点。

下页图

马罗沃潟湖，所罗门群岛，1998年。

关于太平洋诸岛的居民，他如此写道：

> 他们的世界天高海阔，各民族及其文化彼此交融，不受很久之后才出现的帝国主义列强强加的那种边界的阻碍。他们在岛屿之间航行，贸易或者通婚，从而扩大了社交网络，方便了更多财富的流通。他们漂洋过海走亲访友，接触多样的文化和自然环境，满足了自己冒险乃至战斗和征服的渴望……在这个世界，男男女女有能力和勇气去探索未知，发现东经130度以东所有可以居住的岛屿，并在那里繁衍生息。他们在后世赢得的盛名或许被罗曼蒂克化了，但这也是基于真正的壮举，而只有那些在海边出生、海里长大的人，才能实现这样的壮举。[16]

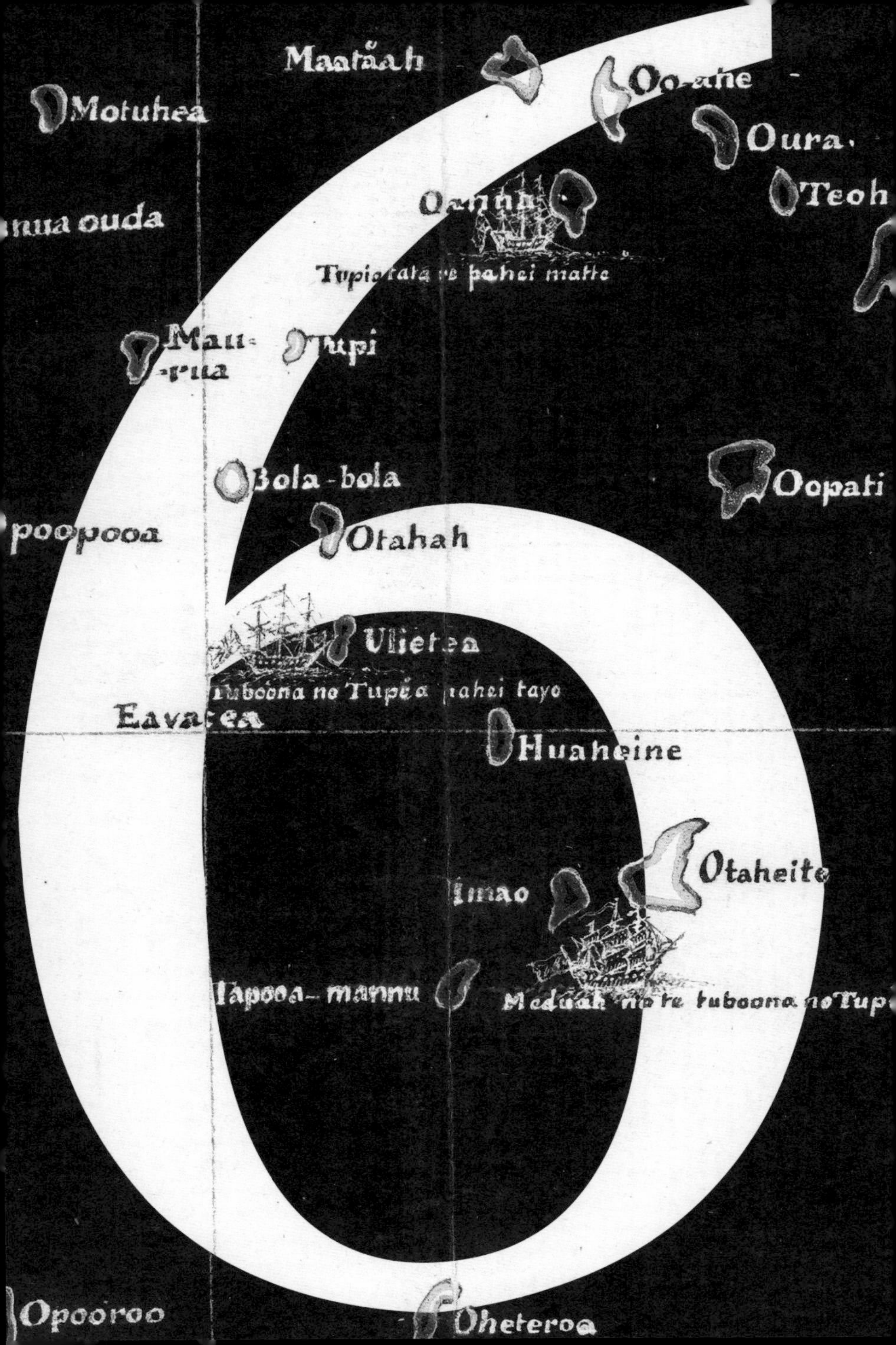

6

Maataah
Motuhea
Oo-ahe
Oura
Teoh
Oanuna
nua ouda
Tupia tata ve pahei matte
Mau-rua
Tupi
Bola-bola
Oopati
poopooa
Otahah
Ulietea
Tuboona no Tupea pahei tayo
Eavatea
Huaheine
Otaheite
Imao
Tapooa-mannu
Meduah no te tuboona no Tup
Opooroo
Oheteroa

* * * * * *

结语

在图帕亚街上

2016年12月，大约在圣诞节前一周，我与一群来自悉尼南部拉贝鲁兹社区的原住民代表在一起。我们坐在一个大凉棚下喝咖啡，这家街边咖啡馆的对面是一家大酒店——约瑟夫·班克斯爵士酒店。这里离植物学湾海岸不远，这片海岸正是1770年4月澳大利亚东海岸原住民与远航至此的库克一行人初次邂逅的地方。为了纪念班克斯的科学研究，这片郊区本身也被叫作“Botany”。我们谈论起最早的接触：当时的“邂逅”其实是一场冲突。两名格威盖尔战士为了阻止库克一行人登陆，向他们投掷了梭镖。在后者开枪射击后，这些土著选择了撤退。我们的讨论焦点随之集中到了关于库克一行人当时缴获的一系列梭镖的辩论上。不过那是另一个故事了。我在这里提到这个场合，只是因为当我们的会面结束后，我与一位来自堪培拉的同事一同走在街道上，她提出让我搭她的车返回市中心。她的车停在一条宽阔的街道上，街道两旁栽满高大的桉树，树荫遮蔽了许多可能是20世纪40年代建造的简陋的平房。这条街名叫“图帕亚街”，看起来这个名字再合适不过。在加拿大、新西兰和澳大利亚，各类库克纪念馆和以这位航海者及其远航团队成员名字命名的街道比比皆是。不过这是我第一次见到纪念“奋进号”上这位波利尼西亚“同行者”的地名。这条街道的名字或许反映出20世纪70年代澳大利亚建国两百周年时当地市政委员会的关切。

我们不仅可以将图帕亚街视为悉尼东南部一处冷僻之地，还能将其看作一个充满隐喻的空间。20世纪50年代，安德鲁·夏普的书引发了关于岛民的航海知识、航海技能、独木舟制造技术和定居历史的激烈辩论。人们对这些主题的兴趣由来已久，之后又因为航海者（从大卫·刘易斯到那些乘坐“霍库莱阿号”在太平洋劈波斩浪乃至环游世界的人）、科学家以及原住民文化复兴的倡导者们的共同努力，这种兴趣持续升温。在过去的三十年里，一场横跨历史学、人类学、考古学和太平洋研究的新运动的兴起，凸显了近几个世纪以来西方人对大洋洲的探索和与当地原住民的接触等问题错综复杂的特质。在这样的语境中，图帕亚成了一个

一艘“拉卡托伊”双体帆船扬帆航行在巴布亚南海岸外，摄于1885年。

关键的人物。尽管我们对他的身世所知不多，但他无疑是一位杰出的、有创造力和创新精神的人，他热衷于分享知识，尤其是向那些新近才从他的已知世界之外降临的人介绍波利尼西亚人所掌握的地理知识。他绘制的那些引人入胜的地点、场景和人物，连同他那张不同凡响、长期以来一直让人倍感神秘的海图，已经成为那个年代的一个标志。我们这些对跨文化交际、大洋洲的悠久历史及其文化与知识在当代的复兴感兴趣并从事相关研究的人，可以说全都身处“图帕亚街”，正将图帕亚以及其他许多航海者的遗产发扬光大——有时是在意想不到的地方。

本书简要回顾了“太平洋诸岛的定居”这一人类历史上的特别篇章。如果采用不同的写法，就会局限于目前已知的年代、考古遗址，以及在特定岛屿定居的原住民可能的起源。我的目的是介绍目前已知的情况，但也要反思过去几百年来这方面的研究得失。无论如何，有一点是显而易见的：研究仍在继续。考古学和相关领域的研究方法正变得越来越先进。通过与太平洋各国与地区的当地机构和社区展开紧密的合作，更多的田野调查工作将会继续完善，而当前的认识有朝一日也可能被颠覆。即便如此，本书仍将指出以下三个具有普遍性的结论。

首先，这些领域的调查研究从一开始就具备跨文化的性质。除了图帕亚，还有相当多的岛民向前来造访的外国来客提供了岛屿名录，并与他们就航海问题展开了讨论。这样的对话应当继续下去。尽管亚伯拉罕·福南德的理论有种种缺陷，但他对曾经与他合作的夏威夷原住民所掌握的知识十分激赏，并从后者身上学到了许多东西。蒂兰吉希罗阿是一位毛利人学者，他通过在波利尼西亚许多地方对岛民进行实地考察，将其所见所闻与20世纪博物馆民族学的概念和方法结合了起来。波利尼西亚航海协会实际上通过一个夏威夷项目，研究了密克罗尼西亚人的传统航海技术：协会到20世纪90年代初为止的研究成果后来结集成书，主笔是本·芬尼，其他作者包括十一名原住民，他在书中对这些人表示了感谢。2020年，人类学和其他人文社会科学领域的"去殖民化"成为校园运动的一个焦点。学术界受到挑战，被要求承认原住民传统知识的重要性，并努力达成一种名为"合作生产"的新共识。大洋洲关于身份认同、移民、民族和种族的思想史只能用一团乱麻来形容，这种混乱有时甚至令人不安。然而这段历史也表明，知识的"合作生产"并不新鲜。我们无须惊讶的是，原住民知识长期以来一直在主导全球对于大洋洲的理解。

其次，从全球范围来看，岛民的人数通常都很少。然而太平洋浩瀚无垠——海洋与其中的岛屿占据了地表的三分之一。或许能从这片海域的故事中得出的第二个结论是：从最深层的意义上来看，人类历史有多条支线、多条轨迹，它们彰显了多样性。许多人对进步这一概念持怀疑态度，但人类确实取得了一系列独特的、决定性的进展，从工具的使用到农业的发明，从早期城市文明的崛起到工业的发展和经济的全球化，这种认知依然根深蒂固。这些进展见证了接力棒从非洲到西亚，再到地中海与欧洲的传递过程。20世纪70年代在新几内亚高地发现的早期农业中心（以及世界其他地方的类似发现），对我们真正以多元化的视角理解人类历史上的经济、社会和文化创新具有决定性意义。大洋洲独特的生活方式（靠水而居，以海为家，跨海谋生）进一步强化了这种观点。威廉·丹彼尔等人认为岛民取得了惊人的航海成就，他们完全有资格如此评价。岛民尽管缺乏金属工具，却造出了“全世界最好的船”。大洋洲不但意味着一个独特的文明，它还作为一个有人定居的区域，体现了人类文化的多元性和多样性。

最后，在身份认同的问题上，太平洋地区古往今来的历史本身就做出了有力的注解。1624年，约翰·多恩曾写下这段名言：

一名毛利族女性在新西兰北岛的怀唐伊，欢迎两艘来自夏威夷的航海独木舟“霍库莱阿号”和“希基纳利亚号”，2014年11月。

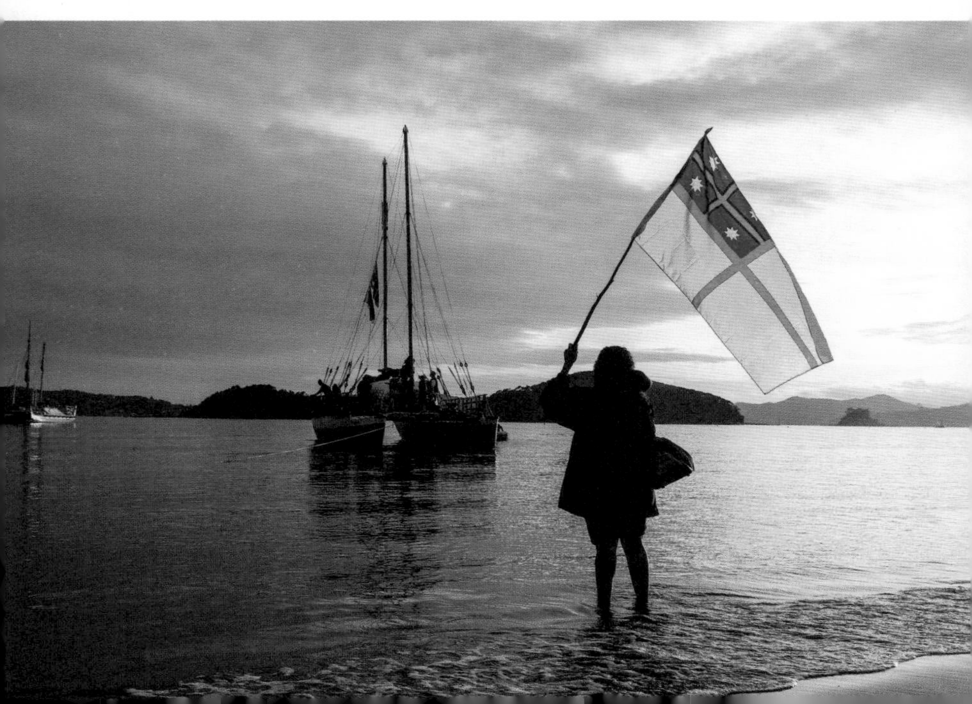

没有人是一座孤岛，
遗世独立；
人人都是大陆的一片，
整体的一部分。

岛屿是孤悬于水上的，它的定义就表明了这一点，而且它与其他陆地以及人类领地远隔重洋。可以说，千百年来（或许更久）西方人对岛屿的想象一直是建立在这种认知基础上的，笛福的《鲁滨孙漂流记》就是证据：书中主人公与世隔绝的处境，反映的就是这种孤立的状态。然而太平洋的全部历史告诉我们的，却是截然不同的岛民故事。那些我们所谓的“岛民”，事实上也许更应该被称为“岛际居民”或“群岛居民”。太平洋民族组成的社群，几乎无一例外都通过血缘关系、仪式、社交网络（包括竞争和敌对关系），与周边或更遥远的岛屿建立了联系。也有例外的情况，如复活节岛上的居民就很少与其他岛民往来。但他们的情况几乎是独一无二的。尽管近几百年来太平洋岛民航海的范围和航程并不清晰，在某些臆断中可能有被夸大之嫌，但可以确信的是，在太平洋各地，人们在群岛内部和群岛之间有着频繁的文化交流。虽然他们的航行往往与贸易有关，但正如布罗尼斯拉夫·马林诺夫斯基曾经在新几内亚特罗布里恩群岛上得出的著名结论所说，岛民航海的动机是社交。人们出海远航是为了建立、保持和扩大社会关系。这些关系是相关社群内部建功立业的主要手段；这些功业能让个体在其生长的岛上或群岛之间扬名，赢得声望。数千年来，人类在太平洋的定居无疑代表了一系列不可思议的成就。从另一个角度来看，大洋洲文明最根本、最重要的成就不是航海，而是这样一个社会原则：人生在世最重要的不是孤立的身份，而是我们互相联结的能力。

菲德尔·约林马尔和他的孙子，瓦拉岛，瓦努阿图马勒库拉，2011年。

致谢

近四十年前，还在堪培拉念书时，我就为太平洋以及太平洋岛民古往今来的成就着迷不已。恕我无法一一向太平洋地区和其他地方的许多师长、同行、朋友、东道主和研究伙伴表示感谢，是他们一直支持我的研究兴趣。第一个给我启发的是杰克·戈尔森，他是他那一代太平洋考古学家中的翘楚，也是我父母的朋友。我同样要由衷感谢的还有：彼得·贝尔伍德，我在读本科时，他是把我领进太平洋考古学大门的人；帕特里克·基尔希，他丰富而层次分明的研究长期以来一直给予我灵感；皮埃尔和玛丽·诺埃尔·奥蒂诺夫妇，他们在20世纪80年代初帮助我在马克萨斯群岛的瓦普岛安了家（这里随后成为我读博士时期的研究基地）。早些时候，基尔希、皮埃尔和玛丽·诺埃尔还曾带我参观正在夏威夷群岛和马克萨斯群岛上进行的考古研究项目：在至今仍为岛民的价值观和生活方式所塑造的环境里，对波利尼西亚人历史的亲切感从那时起就一直陪伴着我。我尤其要感谢马修·斯普里格斯赠予我的友谊，以及多年来他和我就太平洋考古学、历史、政治等诸多话题发生的讨论。

我很荣幸认识了本·芬尼（1933—2017）和赫伯·凯恩（1928—2011），他们都是波利尼西亚航海协会的创始人；与他们的交谈让我受益匪浅。最近，我要向彼得·布伦特、诺埃尔·卡哈努、伊曼纽尔·卡萨赫鲁、肖恩·马伦、迈克尔·梅尔和安妮·萨尔蒙德深表谢意，他们为我与彼得在2018年共同策划的《大洋洲》展览提供了巨大的帮助，也得益于这种帮助，我形成了对本地区较为系统的理解，从而促成了这本书的诞生。我也要向海伦·阿尔德森和迪伦·加夫尼深表感谢，这两位田野调查工作繁忙的考古学家拨冗审阅了本书的部分章节。毋庸赘言，本书的任何差错责任完全在我。

我要特别感谢马克·亚当斯、丹·林、安德鲁·洛里、菲奥娜·帕丁顿、崔斯坦·罗素、拉特诺·萨尔迪和金·沃斯允许我使用他们的照片资料；感谢乔维特一家人允许我使用已故的格伦·乔维特的肖像。

一如既往地，我要对安妮·库姆斯表达最深切的谢意，感谢她的爱与支持。本书献给我们的儿子尼基，他已然航海去过许多地方，但他的未来仍然海阔天空。

2020年6月

注释

序言

1 Jerick Sablan, 'Traditional seafarers arrive in Guam', *Pacific Daily News* (16 May 2016); online at guampdn.com/story/news/2016/05/16/traditional-seafarers-arrive-guam/84432448/ (accessed 2 February 2020).

2 Epeli Hau'ofa, 'Our sea of islands', *The Contemporary Pacific* 6 (1994), 147–61, quoting p. 153. The essay was first published in *A New Oceania*, eds Vijay Naidu, Eric Waddell and Epeli Hau'ofa (Suva: University of the South Pacific, 1993).

3 James Morrison, *Mutiny and Aftermath: James Morrison's Account of the Mutiny on the* Bounty *and the Island of Tahiti*, eds Vanessa Smith and Nicholas Thomas (Honolulu: University of Hawai'i Press, 2013), p. 225.

第一章　“同一个民族”

1 See O. H. K Spate, *The Pacific since Magellan*, volume 1, T*he Spanish* Lake (Canberra: Australian National University Press, 1979), 这本书至今仍是关于太平洋这一时期历史的权威著作，且可读性很强。

2 也包括新几内亚的部分地方。关于重估早期西班牙人和其他外来者与大洋洲原住民的初步接触的重要专著，可参见 Bronwen Douglas, Science, *Voyages and Encounters in Oceania, 1511–1850* (London: Palgrave Macmillan, 2014)。

3 William Dampier, *A New Voyage Round the World* (orig. 1697), ed. Nicholas Thomas (London: Penguin, 2020), p. 251.

4 欲了解通常的背景以及库克数次远航的具体情况，可参见本书作者另一部专著《发现：库克船长的航行》（第二版），伦敦，企鹅出版社，2018年。

5 Anne Salmond's studies have been particularly important and influential. See, for example, Salmond, *The Trial of the Cannibal Dog: Captain Cook in the South Seas* (London: Penguin, 2003).

6 James Cook, *The Journals of Captain James Cook, I, The Voyage of the* Endeavour, *1768–1771*, ed. J. C. Beaglehole (Cambridge: Hakluyt Society, 1955) [hereafter, Cook, *Journals*, I], p. 169.

7 Cook, *Journals*, I, p. 286.

8 Cook, *Journals*, I, p. 288.

9 Joseph Banks, *The* Endeavour *Journal of Joseph Banks, 1768–1771*, ed. J. C. Beaglehole (Sydney: Angus and Robertson, 1963), II, pp. 239-41.

10 Cook, *The Journals…, II, The Voyage of the* Resolution *and the* Adventure, *1772–1775*, ed. J. C. Beaglehole (Cambridge: Hakluyt Society, 1955) [hereafter, Cook, *Journals*, II], p. 354.

11 Cook, *Journals*, II, p. 264.

12 Johann Reinhold Forster, *Observations Made during a Voyage Round the World* (orig. 1778), eds Nicholas Thomas, Harriet Guest and Michael Dettelbach (Honolulu: University of Hawai'i Press, 1996).

13 Forster, *Observations*, p. 153.

14 See, among other studies, Douglas, *Science, Voyages and Encounters*.

15 Dumont d'Urville's essay was 'Sur les îles du Grand Océan', *Bulletin de la Société de Géographie* 17 (1832), pp. 1–21. Discussions include Nicholas Thomas, *In Oceania: Visions, Artefacts, Histories* (Durham, NC: Duke University Press, 1997); a special issue of the *Journal of Pacific History* dedicated to 'Dumont d'Urville's divisions of Oceania', 38 (2003); and Bronwen Douglas, *Science, Voyages and Encounters in Oceania, 1511–1850* (London: Palgrave Macmillan, 2014).

16 除了新喀里多尼亚岛等古大陆的残存之外，太平洋上的岛屿也都是火山喷发形成的。高岛以山丘和山脉为特征，其中可能包括活火山和死火山，或这些火山受侵蚀后的残存；环礁都是被侵蚀至海平面的曾经的火山；在某些地方，这些火山因板块运动被抬升，将珊瑚礁变成了高原。此种类型以纽埃岛为代表，被称为“正在上升的珊瑚”环礁。关于密克罗尼西亚的类型，可参见Paul Rainbird,‘Taking the tapu: defining Micronesia by absence’,*Journal of Pacific History*,38(2003),pp.237–50。

17 Abraham Fornander, *An Account of the Polynesian Race, its Origins and Migrations, and the Ancient History of the Hawaiian People to the Times of Kamehameha I* (London: Trübner, 1878). For commentary on Fornander, see e.g. Christina Thompson, *Sea People: in Search of the Ancient Navigators of the Pacific* (London: Collins, 2019), pp. 150–60.

18 Fornander, *An Account,* p. 48.

19 Fornander, *An Account,* p. 38.

20 George Eliot, *Middlemarch,* chapter 48.

21 Fornander, *An Account,* p. x.

22 长期以来，夏威夷当地人，特别是与这座博物馆有关的人士，一直坚持称这座博物馆为“Bishop Museum”（此处Bishop为人名），而不是“the Bishop Museum”（此处Bishop意为主教），这是为了避免公众误以为这座博物馆与任何男性教会领袖有关。博物馆以“毕夏普”命名，是为了纪念夏威夷公主伯尼斯·巴奥喜·毕夏普（1831—1884），馆内还有她生前的私人收藏。

23 以上列举的刊物全都由毕夏普博物馆出版。此处本书作者参考了Patrick Vinton Kirch, On the Road of the Winds: An Archaeological History of the Pacific Islands before European Contact, 2nd ed. (Berkeley: University of California Press, 2017),pp.20–3。

24 Peter H. Buck, *Vikings of the Sunrise* (New York: Stokes, 1938); Sir Peter Buck (Te Rangi Hiroa), *Vikings of the Sunrise* (Christchurch: Whitcome and Tombes, 1964; citations are to this edition); online at http://nzetc.victoria.ac.nz/tm/scholarly/tei-BucViki.html

(accessed 2 February 2020).

25 Hiroa, *Vikings of the Sunrise*, p. 15.

26 Hiroa, *Vikings of the Sunrise*, p. 17.

27 Hiroa, *Vikings of the Sunrise*, p. 17.

28 Quoted in Kirch, *On the Road of the Winds*, p. 21.

29 Hiroa, *Vikings of the Sunrise*, p. 19.

30 Hiroa, *Vikings of the Sunrise*, p. vii.

31 桑戈尔是塞内加尔独立后的首任总统，也是诗人、“黑人性运动”（去殖民化时代一场高扬黑人价值的运动）中的一位文化理论家。

第二章　初次过海

1 本章内容主要参考了两部杰出的考古学综述著作：Kirch,On the Road of the Winds, chapters 2 and 3; Matthew Spriggs,The Island Melanesians (Oxford: Blackwell, 1997)。

2 阿尔弗雷德·拉塞尔·华莱士(1823—1913)是19世纪最重要、影响最大的博物学家之一。这条“线”是1854年至1862年他在东南亚诸岛旅行期间划定的，详情见于他1869年出版的游记《马来群岛》（*The Malay Archipelago*）中。

3 See https://australianmuseum.net.au/learn/australia-over-time/extinct-animals/diprotodon-optatum/ (accessed 2 February 2020).

4 Dylan Gaffney, ‘Pleistocene water-crossings and adaptive flexibility within the *Homo* genus’, *Journal of Archaeological Research* (2020), in press.

5 Thomas Sutikna et al., ‘Revised stratigraphy and chronology for *Homo floresiensis* at Liang Bua, Indonesia’,Nature 532 (2016),pp.336–9. 这本书的重要性在于细化了年代的范围：过去认为“霍比特人”生活在该地区的时间大约是距今95000年至12000年前，这就意味着“霍比特人”与解剖学意义上的现代人共存的时间延长了，而对沉积物的新解释则表明年代范围应是距今约100000年至60000年前。早期著述可参见：Sue O’ Connor and Peter Hiscock, ‘The peopling of Sahul and Near Oceania’,in Ethan E. Cochrane and Terry L.

Hunt (eds.),*The Oxford Handbook of Prehistoric Oceania* (Oxford: Oxford University Press, 2018), pp. 30–1 and K. L. Baab, ‘Homo floresiensis: Making Sense of the Small-Bodied Hominin Fossils from Flores’,*Nature Education Knowledge* 3(9) (2012),p.4。

6 F. Détroit, A. S. Mijares, J. Corny *et al.*, ‘A new species of *Homo* from the Late Pleistocene of the Philippines’, *Nature* 568 (2019), pp. 181–6.

7 Robin W. Dennell *et al.*, ‘The origins and persistence of *Homo floresiensis* on Flores: biogeographical and ecological perspectives’, *Quaternary Science Reviews* 96 (2014), pp. 98-107.

8 Michael I. Bird *et al.*, ‘Early human settlement of Sahul was not an accident’, *Scientific Reports* 9 (2019), article number 8220.

9 O’Connor and Hiscock, ‘The peopling of Sahul and Near Oceania’, pp. 34–5.

10 之所以称为“俾斯麦”群岛，是因为自19世纪末至第一次世界大战期间，该地区与今日巴布亚新几内亚的北部地区一直处于德国的控制之下。

11 Spriggs, *The Island Melanesians,* pp. 25–6.

12 Kirch, *On the Road of the Winds,* pp. 55–6.

13 O’Connor and Hiscock, ‘The peopling of Sahul and Near Oceania’, pp. 29–30.

14 Spriggs, *The Island Melanesians,* pp. 27–30.

15 倘若掏空式的独木舟很常见，那么关于当地的考古记录中就应当出现锛子一类的工具，但实际却没有。

16 Bird *et al.*, ‘Early human settlement’.

17 Maxime Aubert *et al.*, ‘Earliest hunting scene in prehistoric art’, *Nature* 576 (2019), pp. 442–5.

18 Sue O’Connor, Rintaro Ono and Chris Clarkson, ‘Pelagic fishing at 42,000 years before the present and the maritime skills of modern humans’, *Science* 334 (2011), pp. 1117–21.

19 Spriggs, *The Island Melanesians,* pp. 29–30.

20 Spriggs, *The Island Melanesians,* pp. 27–8.

21 O'Connor and Hiscock, 'The peopling of Sahul and Near Oceania', p. 41.

22 Kirch, *On the Road of the Winds*, pp. 68–9.

第三章　寻找连线

1 顺益台湾原住民博物馆参见 www.museum.org.tw/ symm_en/01.htm (accessed 26 February 2020)。

2 Christophe Sand, 'Oceanic origins: the history of research on the Lapita tradition', in Christophe Sand and Stuart Bedford (eds.), *Lapita: ancêtres océaniens / Oceanic ancestors* (ex. cat., bilingual publication; Paris: Somogy/ Musée du quai Branly, 2010), p. 33. See also Patrick Kirch, *On the Road of the Winds*, pp. 23–5. This chapter is especially indebted to the Sand and Bedford volume, and to Kirch, *On the Road of the Winds*, especially chapter 4.

3 Sand, 'Oceanic origins', pp. 33–5; Jack Golson, 'Report on New Zealand, western Polynesia, New Caledonia and Fiji', *Asian Perspectives* 5 (1961), pp. 166–80.

4 The literature is extensive; see the bibliography in Sand and Bedford, *Lapita*. Spriggs's survey essay of the 1980s remains important, notwithstanding the range of subsequent research: Matthew Spriggs, 'The Lapita cultural complex: origins, distribution, contemporaries and successors', *Journal of Pacific History* 19 (1984), pp. 202–23. At the time of writing, the most up-to-date synthesis is Kirch's, *On the Road of the Winds*, chapter 4.

5 Several publications by R. A. Blust have been seminal: see Blust, 'The Prehistory of Austronesian-speaking peoples: a view from language', *Journal of World Prehistory* 9 (1995), pp. 453-510; and discussion in Kirch, *On the Road of the Winds*, pp. 79–80.

6 部分比较研究可参见 Peter Bellwood, James J. Fox and Darrel Tryon (eds.), *The Austronesians: comparative and historical perspectives* (Canberra: Australian National University, 1995); Margaret Jolly and Mark S. Mosko (eds.), *Transformations of Hierarchy:*

structure, history and horizon in the Austronesian world, special volume, *History and Anthropology* (1994)。

7 Kirch, *On the Road of the Winds*, p. 80.

8 关于文化亲缘关系，可参见 Roger C. Green, 'Early Lapita art from Polynesia and island Melanesia: continuities in ceramic, barkcloth and tattoo decorations', in S. M. Mead (ed.), *Exploring the Visual Art of Oceania* (Honolulu: University of Hawai'i Press, 1979), pp. 13–31. For Pacific barkcloth and fibre arts more generally, see Thomas, *Oceanic Art*, 2nd ed. (London: Thames and Hudson, 2018), chapter 6。

9 关于文身（在跨文化语境中），可参见 Nicholas Thomas, Anna Cole and Bronwen Douglas (eds.), *Tattoo: bodies, art and exchange in the Pacific and the West* (Durham, NC: Duke University Press, 2005). The most substantial corpus of Lapita designs is published in Sand and Bedford, *Lapita*。

10 Kirch, *On the Road of the Winds*, p. 81.

11 关于重新发现“祖先波利尼西亚”的最坚持不懈的研究，可参见 Patrick Vinton Kirch and Roger C. Green,*Hawaiki, ancestral Polynesia: an essay in historical anthropology* (Cambridge:Cambridge University Press,2001)。

12 Kirch, *On the Road of the Winds*, pp. 209–10.

13 Forster, *Observations*, p. 231.

14 波利尼西亚社会的多样化似乎提供了对社会进行比较分析的机会，而人类学家一直在利用这样的机会开展研究。一个例子可参见 Irving Goldman, *Ancient Polynesian society* (Chicago: University of Chicago Press,1970)。笔者本人对早期马克萨斯群岛政治组织形式的研究 Marquesan Societies: inequality and political transformation in eastern Polynesia (Oxford: Clarendon Press,1990)，就是试图摆脱此类“进化论”学说的诸多努力之一，该种努力要求以更历史的眼光审视太平洋地区的社会，认为地方政治形式是对一系列社会和环境机制做出反应的产物。

15 Among important surveys: Steven Hooper, *Pacific Encounters: art and divinity in Polynesia* (Honolulu: University of Hawai'i Press, 2006); Peter Brunt *et al.*, *Art in Oceania: a new history* (London: Thames and Hudson, 2012).

16 Banks, *The* Endeavour *Journal*, II, 24.

17 Brunt *et al.*, *Art in Oceania*, 72–3; Peter Brunt and Nicholas Thomas (eds.), *Oceania* (London: Royal Academy of Arts, 2018), p. 281.

18 展品目录参见 Brunt and Thomas, Oceania。展览分别于2018年9月至12月在伦敦、2019年3月至7月在巴黎的布朗利码头—雅克希拉克博物馆（Musée du quai Branly-Jacques Chirac）举办。上文提到的活动举办于展览向公众开放之前，是2018年9月24日举行的岛民祈福仪式的一部分。

第四章　逆风独木舟

1 William Dampier, *A New Voyage Round the World* (orig. 1697), ed. Nicholas Thomas (London: Penguin 2020), 254.

2 Dampier, *A New Voyage*, pp. 254–5.

3 Alexander Dalrymple, *An Historical Collection of the Several Voyages and Discoveries in the South Pacific Ocean* (London: the author, 1770), II, pp. 17–18.

4 Dalrymple, *An Historical Collection*, p. 18.

5 Dalrymple, *An Historical Collection*, p. 22.

6 Fergus Clunie, '*Tongiaki to kalia:* the Micronesian-rigged voyaging canoes of Fiji and Western Polynesia, and their Tangaloan-rigged forbears' ,Joural of the Polynesian Society 124 (2015),pp.335–418. 这位作者自己也承认，他的文章涉及一系列令人困惑的历史、地理和文化因素。假如说其中有许多臆测的成分，至少说明对大洋洲航海技术及其复杂的历史的进一步研究，进步空间还非常大。

7 George Forster, *A Voyage Round the World* (orig. 1777), ed. Nicholas Thomas and Oliver Berghof (Honolulu:

University of Hawai'i Press, 2000), I, p. 251.

8 Cook, *Journals,* III (Part 1), p. 220.

9 Richard Parkinson,*Thirty Years in the South Seas* (orig.1907),ed. B.Ankermann,tr. John Dennison (Honolulu: University of Hawai 'i Press,1999),pp.194–5. 文中提到的这条独木舟已经转到了柏林新建的一座世界文化博物馆——洪堡论坛博物馆（Humboldt Forum）。

10 Andrew Sharp, *Ancient Voyagers in the Pacific* (Wellington: Polynesian Society, 1956; London: Penguin, 1957; some later editions titled *Ancient Voyagers in Polynesia*).

11 Jack Golson, 'Charles Andrew Sharp (1906–74)' [obituary], *Journal of Pacific History* 9 (1974), pp. 131–3.

12 Kirch, *On the Road of the Winds,* pp. 204–08.

13 Jack Golson (ed.), *Polynesian Navigation* (Wellington: Polynesian Society, 1962) brought together extended and considered responses.

14 关于波利尼西亚航海协会一直以来的工作有过广泛的探讨；尽管并未包含最新近的航行，但此中最好的概述是 Ben Finney et al.,*Voyage of Rediscovery: A Cultural Odyssey Through Polynesia* (Berkeley: University of California Press, 1994)。另可参见 Finney, Sailing in the Wake of the Ancestors (Honolulu: Bishop Museum Press, 2003); and the society's web site,www.hokulea.com (accessed on 3 February 2020)。

15 Atholl Anderson, 'Seafaring in remote Oceania: traditionalism and beyond in maritime technology and migration', in Ethan E. Cochrane and Terry L. Hunt (eds), *The Oxford Handbook of Prehistoric Oceania* (Oxford: Oxford University Press, 2018).

16 Anderson, 'Seafaring in remote Oceania', p. 486.

第五章　岛民的征途

1 John Williams, *A Narrative of Missionary Enterprises in the South Sea Islands* (London: John Snow, 1838), pp. 97–8.

2 Ben Finney *et al.*, *Voyage of Rediscovery: a cultural Odyssey through Polynesia* (Berkeley: University of California Press, 1994); David Lewis, *We the Navigators* (Honolulu: University of Hawai'i Press, 1972).

3 以下论述可参考Finney,Voyage of Rediscovery,pp.52–65。

4 Brett Hilder, 'Primitive navigation in the Pacific', in Jack Golson (ed.), *Polynesian Navigation,* Part 2 (Auckland: Polynesian Society, 1962), pp. 84–8.

5 Finney, *Voyage of Rediscovery*, pp. 60–1.

6 Johann Reinhold Forster, *Observations Made During a Voyage Round the World* (orig. 1778), eds Nicholas Thomas, Harriet Guest and Michael Dettelbach (Honolulu: University of Hawai'i Press, 1996), pp. 310–11.

7 早期重要的探讨包括G.M.Dening, 'The geographical knowledge of the Polynesians and the nature of inter-island contact',in Golson (ed.),*Polynesian Navigation,* Part 2,pp.102–31。

8 20世纪它被好莱坞影星马龙·白兰度买下，轰动一时。

9 'Geographical knowledge of the Tahitians', in Golson (ed.), *Polynesian Navigation,* Part 2, pp. 132–6.

10 Cook, *Journals*, I, pp. 156–7.

11 Lars Eckstein and Anja Schwarz, 'The Making of Tupaia's Map: A Story of the Extent and Mastery of Polynesian Navigation, Competing Systems of Wayfinding on James Cook's *Endeavour,and the Invention of an Ingenious Cartographic System',Journal of Pacific History* 54 (2019),pp.1–95. 这篇长文非常有用，因为它大量引述了关于这张海图的早期文献；可与其他学者的评述搭配阅读，包括Atholl Anderson and Anne Salmond，以及Eckstein and Schwarz的一篇回应，Journal of Pacific History 54 (2019),pp.529–61。

12 Eckstein and Schwarz, 'The Making of Tupaia's Map', p. 45.

13 Edward Robarts, *The Marquesan Journal of Edward Robarts,* ed.

Greg Dening (Canberra: Australian National University Press, 1974), p. 266.

14 James Morrison, *Mutiny and Aftermath: James Morrison's Account of the Mutiny on the* Bounty *and the island of Tahiti,* eds Vanessa Smith and Nicholas Thomas (Honolulu: University of Hawai ʻi Press, 2013), p. 224.

15 Cook, *Journals,* III, pp. 86–7.

16 Epeli Hauʻofa, 'The Sea of Islands', *The Contemporary Pacific* 6 (1994), pp. 153–4, 155.

延伸阅读

[Banks, Joseph], *The* Endeavour *Journal of Joseph Banks, 1768–1771*, ed. J. C. Beaglehole, 2 vols (Sydney: State Library of New South Wales / Angus and Robertson, 1963).

Bellwood, Peter, *Man's Conquest of the Pacific* (Auckland: William Collins, 1978).

Bellwood, Peter, James J. Fox and Darrel Tryon (eds), *The Austronesians: Historical and Comparative Perspectives* (Canberra: Australian National University, 1995).

Brunt, Peter and Nicholas Thomas (eds), *Oceania* (London: Royal Academy of Arts, 2018).

Buck, Peter H. (Te Rangi Hiroa), *Vikings of the Sunrise* (New York: Stokes, 1938).

[Cook, James], *The Journals of Captain James Cook,* ed. J. C. Beaglehole, 3 vols (Cambridge: Cambridge University Press / Hakluyt Society, 1955–67).

Cochrane, Ethan E. and Terry L. Hunt (eds), *The Oxford Handbook of Prehistoric Oceania (Oxford: Oxford* University Press, 2018).

Dampier, William, *A New Voyage Round the World* (orig. 1697), ed. Nicholas Thomas (London: Penguin, 2020).

Douglas, Bronwen, *Science, Voyages and Encounters in Oceania, 1511–1850* (London: Palgrave, 2014).

Eckstein, Lars and Anja Schwarz, 'The Making of Tupaia' s Map' , *Journal of Pacific History* 54 (2019), pp. 1–95. See also commentaries in the same volume of the *Journal of Pacific History,* pp. 529–61.

Finney, Ben (ed.), *Pacific Navigation and Voyaging* (Wellington: The Polynesian Society, 1976).

Finney, Ben *et al., Voyage of Rediscovery* (Berkeley: University of California Press, 1994).

Forster, George, *A Voyage Round the World* (orig. 1777), eds Nicholas Thomas and Oliver Berghof , 2 vols (Honolulu: University of Hawai ʻi Press, 2000).

Forster, Johann Reinhold, *Observations Made During a Voyage Round the World* (orig. 1778), ed. Nicholas Thomas, Harriet Guest and Michael Dettelbach (Honolulu: University of Hawai ʻi Press, 1996).

Golson, Jack (ed.), *Polynesian Navigation,* 2 vols (Wellington: The Polynesian Society).

Haddon, Alfred C. and James Hornell, *Canoes of Oceania,* 3 vols (Honolulu: Bishop Museum, 1936–8; one vol. reprint, 1975).

Hau ʻofa, Epeli, *We Are the Ocean: Selected Works* (Honolulu: University of Hawai ʻi Press, 2008).

Howe, K. R. (ed.), *Vaka Moana: Voyages of the Ancestors* (Honolulu: University of Hawai ʻi Press, 2007).

Irwin, Geoffrey, *The Prehistoric Exploration and Colonization of the Pacific* (Cambridge: Cambridge University Press, 1992).

Kane, Herb Kawainui, *Voyage: the Discovery of Hawaiʻi* (Honolulu: Island Heritage, 1976).

Kirch, Patrick Vinton, *On the Road of the Winds: an Archaeological History of the Pacific Islands before European Contact,* 2nd ed. (Berkeley: University of California Press, 2017). NB. This includes the most extensive bibliography of relevant archaeological and related literature.

Kirch, Patrick Vinton and Roger C. Green, *Hawaiki, Ancestral Polynesia: an Essay in Historical Anthropology* (Cambridge: Cambridge University Press, 2001).

Levinson, Michael, R. Gerald Ward and John W. Webb, *The Settlement of Polynesia: a Computer Simulation* (Minneapolis: University of Minnesota Press, 1973).

Lewis, David, *We, the Navigators* (Honolulu: University of Hawai ʻi Press, 1972).

[Morrison, James] *Mutiny and Aftermath: James Morrison's Account of the Mutiny on the* Bounty *and the Island of Tahiti,* ed. Vanessa Smith and Nicholas Thomas (Honolulu: University of Hawai ʻi Press, 2013).

Sand, Christophe and Stuart Bedford (eds), *Lapita: Ancêtres océaniens / Oceanic Ancestors* (Paris: Somogy / Musée du quai Branly, 2010).

Spate, O. H. K., *The Pacific since Magellan,* 3 vols (Canberra: Australian National University Press, 1979–1988).

Spriggs, Matthew *et al.* (eds), *A Community of Culture: the People and Prehistory of the Pacific* (Canberra: Australian National University, 1993).

Spriggs, Matthew, *The Island Melanesians* (Oxford: Blackwell, 1997).

Thomas, Nicholas, *Discoveries: the Voyages of Captain Cook,* 2nd ed. (London: Penguin).

Thomas, Nicholas *et al.* (eds), *Artefacts of Encounter: Cook's voyages, colonial collecting, museum histories* (Honolulu: University of Hawaiʻi Press, 2016).

图片来源

扉页后 Photograph © Tane Sinclair-Taylor.

目录后至序言前 Maps of Oceania prepared by Mat Hunkin, Victoria University, Wellington; courtesy of Peter Brunt.

序言

pp. 4–5 Photograph © Dan Lin.

pp. 8–9 George Tobin, *A double canoe with the* Eotooa *(God) and provisions on the prow*, ink and watercolour, Tahiti, 1792; courtesy of the State Library of New South Wales.

正文

p. 6 Tahitian adze; courtesy of the Museum of Archaeology and Anthropology, Cambridge.

pp. 10–11 Tupaia, *A scene in Tahiti*, pencil and watercolour, 1769 © British Library Board / Bridgeman Images.

pp. 14–15 William Hodges, *A View of the Monuments of Easter Island* [Rapa Nui], oil on panel, 1775 © National Maritime Museum, Greenwich, London.

pp. 22–23 William Hodges, *Tongatapu* [or Amsterdam], pen and indian ink wash, 1774 © British Library Board / Bridgeman Images.

pp. 24–25 ‘A Draught plan and section of an Amsterdam [Tongatapu] canoe’, engraving from James Cook, *A Voyage toward the South Pole* (London, 1777).

pp. 28–29 ‘Pirogue double sous son hangard’, engraving from Dumont D’Urville’s *Voyage au Pôle Sud et dans l’Océanie* (1841–54). National Library of Australia.

pp. 34–35 ‘Océanie’, Atlas universel de géographie physique (Paris, 1854), hand-coloured engraving.

p. 41 Courtesy of Fiona Pardington and Starkwhite Galleries, Auckland.

p. 54 Alamy Images.

pp. 56–57 Mer (Murray Island). Photograph © Kim Wirth.

pp. 58–59 The Picture Art Collection / Alamy Stock Photo.

pp. 62–63 Photograph © Tristan Russell.

pp. 66–67 Photograph © Tristan Russell.

p. 72 Courtesy of Ratno Sardi.

p. 83 Photograph © Mark Adams.

pp. 84–85 Photograph © Mark Adams.

p. 87 Photograph © Mark Adams.

pp. 94–95 Engravings from Georg Eberhard Rumpf's *Herbarium Amboinense* (Amsterdam, 1741–55).

p. 100 Photograph © Andrew Lorey.

pp. 102–103 Photograph © Andrew Lorey.

pp. 112–113 Photograph © 1982, Glenn Jowitt; reproduced with permission of the Glenn Jowitt Trust, www.jowittphotography.co.nz.

p. 115 Museum of Archaeology and Anthropology, Cambridge.

pp. 116–117 Museum of Archaeology and Anthropology, Cambridge.

pp. 118–119 Auckland War Memorial Museum, Tamaki Paenga Hira.

p. 125 Museum für Völkerkunde, Dresden 75367. Photograph Esther Hoyer.

pp. 126–127 Photograph © 1982, Glenn Jowitt; reproduced with permission of the Glenn Jowitt Trust, www.jowittphotography.co.nz.

pp. 128–129 Engraving from Schouten's *Diarium vel descriptio laboriosissimi, & molestissimi itineris* (Amsterdam, 1648).

pp. 132–133 Museum of Archaeology and Anthropology, Cambridge.

pp. 134–135 Photograph © Andrew Lorey.

p. 136 Photograph John Layard. Museum of Archaeology and Anthropology, Cambridge.

pp. 138–139 Photograph F. H. Dufty. Museum of Archaeology and Anthropology, Cambridge.

pp. 142–143 Ethnologisches Museum, Berlin. Photograph Mark Adams.

pp. 146–147 Museum of Archaeology and Anthropology, Cambridge.

pp. 162–163 Museum of Archaeology and Anthropology, Cambridge.

pp. 164–165 Linden Museum, Stuttgart.

p. 167 Linden Museum, Stuttgart.

pp. 170–171 © British Library Board / Bridgeman Images.

pp. 174–175 © British Library Board / Bridgeman Images.

pp. 186–187 Photograph © 1998, Glenn Jowitt; reproduced with permission of the Glenn Jowitt Trust, www.jowittphotography.co.nz.

p. 192 Photograph by J. W. Lindt, 1885, from Picturesque New Guinea / Wikimedia Commons.

p. 195 Photograph © Dan Lin.

p. 197 Photograph © Mark Adams.

译名对照表

人名

A

阿贝尔·塔斯曼 Abel Tasman

阿尔瓦拉·德·门达尼亚·德·内拉 Alvaro de Mendaña y Neira

阿利基·卡菲卡 Ariki Kafika

阿皮拉纳·纳塔 Apirana Ngata

阿索尔·安德森 Atholl Anderson

阿尔弗雷德·拉塞尔·华莱士 Alfred Russell Wallace

埃佩利·霍法 Epeli Hau’ofa

爱德华·吉福德 Edward Gifford

安德鲁·洛里 Andrew Lorey

安德鲁·夏普 Andrew Sharp

安妮·库姆斯 Annie Coombes

安妮·萨尔蒙德 Anne Salmond

安雅·施瓦茨 Anja Schwarz

B

本·芬尼 Ben Finney

彼得·巴克 Peter Buck

彼得·贝尔伍德 Peter Bellwood

彼得·布伦特 Peter Brunt

伯尼斯·巴奥喜·毕夏普 Bernice Pauhi Bishop

布罗尼斯拉夫·马林诺夫斯基 Bronisław Malinowski

C

查尔斯·思旺 Charles Swan

崔斯坦·罗素 Tristan Russell

D

丹·林 Dan Lin

大卫·波特 David Porter

大卫·刘易斯 David Lewis

德雷克 Drake

迪伦·加夫尼 Dylan Gaffney

蒂兰吉希罗阿 Te Rangi Hiroa

F

菲奥娜·帕丁顿 Fiona Pardington

菲德尔·约林马尔 Fidel Yoringmal

G

格伦·乔维特 Glenn Jowitt

H

海伦·阿尔德森 Helen Alderson

赫伯·凯恩 Herb Kane

J

杰克·戈尔森 Jack Golson

金·沃斯 Kim Wirth

K

卡尔·冯·登·施泰因 Karl von den Steinen

卡拉卡瓦 Kalakaua

L

拉里·雷格特 Larry Raigetal

拉斯·埃克斯坦 Lars Eckstein

拉特诺·萨尔迪 Ratno Sardi

雷蒙德·弗思 Raymond Firth

理查德·帕金森 Richard Parkinson

理查德·舒特勒 Richard Shutler

列奥波尔德·塞达·桑戈尔 Léopold Sédar Senghor

龙戈玛丹 Rongomatane

路易斯·安托万·德·布干维尔 Louis-Antoine de Bougainville

M

马克·亚当斯 Mark Adams

马克西米利安·泰尔 Maximilian Thiel

马乌·皮艾鲁格 Mau Piailug

马修·斯普里格斯 Matthew Spriggs

马修·斯普里格斯 Matthew Spriggs

玛丽·诺埃尔·奥蒂诺夫妇 Pierre and Marie-Noëlle Ottino

玛希尼 Mahine

玛鲍马特考 Ma Pou Ma Tekao

迈克尔·梅尔 Michael Mel

N

奈诺阿·汤普森 Nainoa Thompson

尼基 Nicky

诺埃尔·卡哈努 Noelle Kahanu

P

帕佩希亚 Papehia

帕特里克·基尔希 Patrick Kirch

佩德罗·费尔南德斯·德·基罗斯 Pedro Fernández de Quirós

皮埃尔·肖莱 Pierre Chaulet

普玛瑞一世 Pomare I

Q

乔维特 Jowitt

乔治 George

乔治・蒂勒纽斯 Georg Thilenius

乔治・格雷 George Grey

乔治・温哥华 George Vancouver

乔治・托宾 George Tobin

R

儒勒・塞萨尔・塞巴斯蒂安・杜蒙・杜维尔 Jules-César-Sebastien Dumont d' Urville

S

S. M. 卡马考 S. M. Kamakau

萨空鲍 Cakobau

塞缪尔・瓦利斯 Samuel Wallis

T

泰摩泰泰 Teimoteitei

泰皮族人 Taipi

特瓦克 Tevake

图 Tu

图帕亚 Tupaia

托尔・海尔达尔 Thor Heyerdahl

W

瓦斯科・努涅斯・德・巴尔博亚 Vasco Núñez de Balboa

威廉・布莱 William Bligh

威廉・丹彼尔 William Dampier

威廉・怀亚特・吉尔 William Wyatt Gill

威廉・帕斯科・克鲁克 William Pascoe Crook

威廉・斯豪腾 Willem Schouten

威廉・霍奇斯 William Hodges

X

希提希提 Hitihiti

肖恩・马伦 Sean Mallon

Y

雅各布・勒梅尔 Jacob Le Maire

雅可布・罗赫芬 Jacob Roggeveen

亚伯拉罕・福南德 Abraham Fornander

亚历山大・冯・洪堡 Alexander von Humboldt

亚历山德罗・马拉斯皮纳 Alessandro Malaspina

伊曼纽尔·卡萨赫鲁 Emmanuel Kasarherou
约翰·多恩 John Donne
约翰·雷茵霍尔德·福斯特 Johann Reinhold Forster
约翰·威廉姆斯 John Williams
约翰·韦伯 John Webber
约瑟夫·班克斯 Joseph Banks

Z

詹姆斯·弗雷泽 James Frazer
詹姆斯·莫里森 James Morrison

地名

A

阿加尼亚 Hagåtña
阿拉维群岛 Arawe
阿提乌岛 Atiu
埃罗芒阿岛 Erromango
奥巴岛 Ambae
奥大赫地岛 Otaheite
奥罗黑纳山 Orohena
奥斯纳堡岛 Osnaburgh Island

B

巴伯尔图阿普岛 Babelthuap
贝洛纳岛 Bellona
博斯科恩岛 Boscawen

C

查亚普拉 Jayapura

D

达夫群岛 Duff Islands
蒂科皮亚岛 Tikopia
杜梦湾 Tumon

F

法劳雷普环礁 Faraulep
法图希瓦岛 Fatuhiva
富埃半岛 Foué Peninsula
复活节岛 Rapa Nui
富纳富提 Funafuti

H

胡克岛 Houk

J

基卢 Kilu
贾乌尔岛 Djaul
杰里马莱 Jerimalai

K

凯乐尔 Keilor

库尼耶岛（派恩斯岛）Isle of Pines

L

拉贝鲁兹 La Perouse

拉伊瓦韦岛 Ra’ivavae

腊夫岛 Luf

利希尔群岛 Lihir Islands

俍布鲁斯蓬 Leang Bulu’ Sipong

M

马罗沃潟湖 Marovo Lagoon

马尼西基岛 Manihiki

马图皮特 Matupit

曼加亚岛 Mangaia

梅埃蒂亚岛 Me’etia

梅海蒂亚岛 Mehetia

蒙哥湖 Lake Mungo

穆绍岛 Mussau

S

萨胡尔大陆 Sahul

圣埃斯皮里图岛 Espiritu Santo

苏珊娜广场 Paseo de Susana

T

塔巴尔群岛 Tabar

塔比特韦亚环礁 Tabiteuea

塔布霍岛 Tapuhoe

塔法希岛 Tafahi

塔黑特岛 Taheite

塔拉瓦环礁 Tarawa

泰阿拉普 Taiarapu

汤加塔布岛 Tongatapu

通戈阿岛 Tongoa

W

瓦吉谷地 Wahgi Valley

韦拉拉韦拉岛 Vella Lavella

翁通爪哇环礁 Ontong Java

乌雷努伊 Urenui

X

巽他古陆 Sunda

Y

亚彭岛 Yapen

隐士群岛 Hermit Islands

尤利特阿岛 Ulietea

友善群岛 Friendly Islands

Z

植物学湾 Botany Bay

专有名词、机构名称

阿匹斯 Apis

北海 the North Sea

柏林民族学博物馆 Museum für Völkerkunde of Berlin

拜宁人 Baining

毕夏普博物馆 Bishop Museum

波利尼西亚航海协会 Polynesian Voyaging Society

打浆纺织品 Beaten Textiles

大洋 Great Ocean

奥塔哥大学 Te Aute College

斐济双体船 Drua

费希 Fehi

奋进号 Endeavour

弗雷德里克·A.斯托克斯出版公司 Frederick A. Stokes

格威盖尔 Gweagal

航段 Etak

航位推算法 Dead Reckoning

黑人性运动 Négritude

霍库莱阿号 Hokule’a

霍斯 Hos

J. B.科平科特出版公司 J. B. Lippincott & Co.

决心号 Resolution

卡利亚 Kalia

凯塔亚 Kaitaia

库什人 Cushite

拉卡托伊 Lakatoi

马拉埃 Marae

梅柯澳人 Mekeo

姆尼维斯 Mnevis

那卡麦 Nakamal

南海 Mar del Sur/the South Sea

南太平洋远航 Südsee-Expedition

神力 Mana

思辨语言学 Speculative Philology

汤功格 Tangonge

塔拉纳基火山 Mount Taranaki

塔帕 Tapa

太平洋铁木 Lntsia Bijuga

汤基亚基 Tongiaki

“乌乌”战杖 ’u’u

希基纳利亚号 Hikianalia

夏威夷历史学会 Hawaiian Historical Society

先知 Tau’a

小天鹅号 Cygnet

羊毛 Wool

洋 Ocean

椰奶生鱼色拉 Poisson Cru

约瑟夫·班克斯爵士酒店 Sir Joseph Banks Hotel

羽毛神 Akua Hula Manu

准密克罗尼西亚 Para-Micronesia

里程碑文库

The Landmark Library

“里程碑文库”是由英国知名独立出版社宙斯之首（Head of Zeus）于2014年发起的大型出版项目，邀请全球人文社科领域的顶尖学者创作，撷取人类文明长河中的一项项不朽成就，以“大家小书”的形式，深挖其背后的社会、人文、历史背景，并串联起影响、造就其里程碑地位的人物与事件。

2018年，中国新生代出版品牌“未读”（UnRead）成为该项目的“东方合伙人”。除独家全系引进外，“未读”还与亚洲知名出版机构、中国国内原创作者合作，策划出版了一系列东方文明主题的图书加入文库，并同时向海外推广，使“里程碑文库”更具全球视野，成为一个真正意义上的开放互动性出版项目。

在打造这套文库的过程中，我们刻意打破了时空的限制，把古今中外不同领域、不同方向、不同主题的图书放到了一起。在兼顾知识性与趣味性的同时，也为喜欢此类图书的读者提供了一份“按图索骥”的指南。

作为读者，你可以把每一本书看作一个人类文明之旅的坐标点，每一个目的地，都有一位博学多才的讲述者在等你一起畅谈。

如果你愿意，也可以将它们视为被打乱的拼图。随着每一辑新书的推出，你将获得越来越多的拼图块，最终根据自身的阅读喜好，拼合出一幅完全属于自己的知识版图。

我们也很希望获得来自你的兴趣主题的建议，说不定它们正在或将在我们的出版计划之中。

里程碑文库编委会